育人背景下的当代高校体育教学实践

栾　娟◎著

吉林出版集团股份有限公司
全国百佳图书出版单位

图书在版编目（CIP）数据

育人背景下的当代高校体育教学实践 / 栾娟著 . 长春 : 吉林出版集团股份有限公司 , 2025. 5. -- ISBN 978-7-5731-6618-0

Ⅰ . G807.4

中国国家版本馆 CIP 数据核字第 2025FG7612 号

育人背景下的当代高校体育教学实践

YUREN BEIJING XIA DE DANGDAI GAOXIAO TIYU JIAOXUE SHIJIAN

著　　者　栾　娟
责任编辑　宋巧玲
责任校对　沈　航
封面设计　守正文化
开　　本　710mm × 1000mm　　1/16
字　　数　200 千
印　　张　10.75
版　　次　2025 年 5 月第 1 版
印　　次　2025 年 5 月第 1 次印刷
印　　刷　天津和萱印刷有限公司

出　　版　吉林出版集团股份有限公司
发　　行　吉林出版集团股份有限公司
地　　址　吉林省长春市福祉大路 5788 号
邮　　编　130000
电　　话　0431-81629968
邮　　箱　11915286@qq.com
书　　号　ISBN 978-7-5731-6618-0
定　　价　72.00 元

前言

体育教学历史悠久。随着人类社会的发展，体育教学经历了一个不断充实、完善的过程。现代体育教学逐渐发展为科学的教学，全面的教学，培养德、智、体、美、劳全面发展人才的教学。如今，体育教学越来越受到人们的重视，在社会中发挥着越来越重要的作用。

高校体育教学是我国高校教育的重要组成部分，在促进我国体育和教育事业发展、大学生健康全面发展等方面发挥着重要作用。在“健康第一”“终身体育”等教学理念以及“体育强国”建设、“全民健身”计划的推动下，高校体育面向最广大的受教育群体，肩负着促进大学生群体身心健康发展和社会性发展的重要责任。当前，面向新思想、新形势、新学生群体的体育教学，必须坚持改革与创新，才能更加科学地实现多元教育功能，才能培养出适应现代社会发展的高素质人才。

高校应该加强体育工作，增强学生体质，这也是坚持以人为本教学理念的必然要求。当前，进一步深化发展高校体育教学是实现中华民族伟大复兴与建设体育强国的重要内容，是高校培养身心健康发展且具有良好社会适应能力的优秀人才和合格社会主义建设者的有效途径。这要求高校致力于教育改革和创新，树立科学的体育教学理念，从体育教学内容、方法、设计和课堂拓展等多个层面深化体育教学改革，促进高校体育教学发展。在开展高等学校体育教学工作中，应该贯彻和落实《中共中央 国务院关于加强青少年体育增强青少年体质的意见》（中发〔2007〕7号）和《国家中长期教育改革和发展规划纲要（2010—2020年）》等文件精神。学校体育教学最为基本的目标是增强学生的体质，让学生养成良好的生活方式和终身体育锻炼的习惯，实现对“阳光体育运动”的大力推广。

本书共分五章。第一章为高校体育教学概论，分别介绍了高校体育教学的性质和特点、高校体育教学的目标和原则两个方面的内容。第二章为高校体育教学的内容，依次是高校体育教学内容概述，高校体育教学内容的特性、分类和层次，高校体育课程与教材的选用，高校体育教学内容的优化四个方面的内容。第三章为高校体育教学模式的探索与应用，分别介绍了四个方面的内容，依次是高校体育教学模式概述、游戏教学模式在高校体育教学中的应用、俱乐部体育教学模式在高校体育教学中的应用、程序教学模式在高校体育教学中的应用。第四章为高校体育教学的育人功能，分别介绍了四个方面的内容，依次是高校体育教学的美育功能、高校体育教学的德育功能、高校体育教学的智育功能、高校体育教学与人的社会化。第五章为高校体育教学的育人路径，主要介绍了三个方面的内容，分别是优化体育教学组织以实现育人功能、以科学的教学理念实现育人功能、改革体育教学方法以实现育人功能。

在撰写本书的过程中，作者得到许多专家、学者的帮助和指导，参考了大量的学术文献，在此表示真诚的感谢！由于作者水平不足，加之时间仓促，本书难免存在疏漏，在此恳请同行专家和读者朋友批评指正！

栾　娟

2025 年 3 月

目 录

第一章　高校体育教学概论

高校体育教学是我国高校教育的重要组成部分，在促进我国体育和教育事业发展、大学生健康全面发展等方面发挥着重要作用。本章内容为高校体育教学概论，介绍了高校体育教学的性质和特点、高校体育教学的目标和原则。

第一节　高校体育教学的性质和特点

高校体育教学是一门公共必修课程，主要目的在于增强学生体质，提高学生体育素养，以此保证学生身心健康发展。高校体育教学作为学校课程体系的重要组成部分，在当前的高校体育工作中处于中心环节，有利于实现学生身心的健康、和谐发展，有利于促进学生的文化科学教育、思想品德教育、生活和体育技能教育与身体活动有效结合，有利于促进素质教育的实施和发展，有利于为社会培养全面发展的人才。

一、高校体育教学的性质

在高等教育的范畴内，体育教学不限于身体锻炼，还融合了身体锻炼与思维训练，强调对户外环境的充分利用，目的是培养学生的时空感知能力，鼓励学生通过亲身体验和实践操作来增进对体育知识的理解和应用。体育教学是一种教师与学生共同参与的互动性活动，身体锻炼并非师生互动的关键媒介，教师更要重视学生心智的培养。尽管身体锻炼在体育教学中扮演着重要角色，但如果仅从这一角度来理解体育教学，那么这种理解是不全面的。动物虽然也具备运动技能，但它们的运动行为与人类的运动练习存在本质上的区别。

人类的运动练习不仅包括身体锻炼，还涉及思维训练。如果将体育教学简化为仅仅是身体锻炼，这无疑会削弱体育学科在学术领域的地位。体育教学的中介作用远远超出了单纯的知识和技能传授，身体锻炼代表的是一个动态的学习过程，而运动技术的掌握则是对这一过程更为精确和深入的描述。

运动技能实际上可以被视为知识与技术之间的一种过渡形态，它涉及一系列复杂的认知和身体协调过程。为了深入理解运动技能，我们有必要从操作技能的定义及其形成过程的角度进行细致的分析。操作技能本质上是指一种遵循特定规则，通过一系列学习和练习活动而逐渐掌握的活动方式。这些活动方式不仅需要身体的协调和运动，还涉及对运动规则的理解和应用，以及对运动情境的感知和判断。

在一般情况下，操作技能这一概念包含多个显著特征，这些特征使其与其他事物在本质上存在不同，我们通常将这些区别称为“概念的种差”。为了更具体地解释这些特征，我们可以从以下几个方面来阐述：其一，操作技能必须是合乎法则的。它与我们在日常生活中进行的一些随意运动是有区别的，随意运动往往缺乏一定的规范性和系统性。其二，操作技能通常是通过学习和训练获得的。它与其他的人体本能行为有着明显的不同，本能行为是人类与生俱来的能力，而技能则需要通过后天的努力来掌握。其三，操作技能的活动方式是特殊的。操作技能与知识本身存在差异，它的活动方式主要是以知识为基础，并通过实践来体现和应用这些知识。其四，操作技能明确了活动的方向。对于任何活动来说，技能都具有控制和执行的作用，它能够指导人们按照既定的目标和方法来完成任务。综上所述，操作技能的这些特征共同构成了它独特的概念框架，使其在人类的活动中扮演着至关重要的角色。

运动技能是操作技能的关键部分，其形成过程可以分为认知、练习和完善三个阶段。在认知阶段，运动技能与知识技能紧密相连，此阶段的主要目标是理解活动操作的要素和结构。而运动技术被视作一种知识，它是人类文化知识的组成部分，也是前人传承下来的运动文化遗产。然而，将运动技术等同于知识技能会导致概念上的重复，这在逻辑上是不合理的。因此，建议采用“运动本体与动作”这一概念来表述。通过动作概念来理解运动技术，可以称之为“运动操作知识”。掌握田径、体操、游泳等运动技术，对于运动技能的形成具有积极的促进作用。对这些运动技术的掌握不仅能提升个人的身体素质，还能增强协调性和提高反应速度，从而在更广泛的层面上促进运动技能的发展和完善。

通过深入的分析和探讨，我们可以清晰地认识到，高校体育教学的核心目标和主要焦点在于运动技术的传授和教育。更精确地讲，这实际上涉及运动操作方面的知识和技能的传递。学生只有在充分掌握这些运动操作的知识之后，才能真正地形成和提升自己的运动技能。此外，如果能充分利用高校体育教学所具备的户外环境资源，那么就能进一步拓展体育运动项目的选择范围，例如羽毛球、足球、篮球等。虽然户外环境在体育教学中具有一定的辅助作用，但它并不是高校体育教学本质特征和核心内容的一部分。

作为高等教育的重要组成部分，在不同的时期，高校体育的教学目的与教学重点有所不同，高校体育教学的本质也会随着社会和经济的发展变化而相应改变。如今，国家提出了“健康中国”的理念，倡导人们健康生活，特别是要注重学生的身心健康。因此，高校体育教学的本质必须随之改变，不仅要传授学生运动技术，还要对学生进行心理健康教育。高校的体育教学活动应该紧紧围绕“健康中国”的发展要求与学校体育的目标来开展，把“健康中国”作为切入点。体育教学应该建立在学生身体素质以及心理的基础上，对学生的身体素质、心理素质、运动技术等进行有针对性的、科学的提高，使其具有更强的社会适应性。为了适应新时代的要求，教师应该积极探索，拓展高校体育运动项目，不管是在课程设置上还是在课时的安排上都应该进行改革；在培养学生的兴趣和爱好的时候，应该具有针对性、组织性和目的性，同时培养学生顽强拼搏、敢于进取、团结合作、为集体争光的集体荣誉感，进一步提升学生的道德水平和意志品质，使其成为“健康中国”的建设者。为了建设一个富强、民主、文明、和谐、美丽的社会主义现代化强国，高校体育教育必须做出自己的贡献。

二、高校体育教学的特点

高校体育教学与一般文化课教学的共同点在于，都是师生共同参与的双边活动，教师向学生传授知识和技能，并对学生进行社会主义思想品德教育，以提高学生的能力。同时，高校体育教学也有自身的特点。

（一）运动知识传承的可操作性

体育运动知识主要聚焦于对身体方面的了解，这与其他学科形成了鲜明的对比。此类知识体现了人类从追求自然界的外在知识向探索人体内在知识的转变，是对人类本质的深入探究。目前，教育领域越来越重视学生的主体地位，高等教育中的体育教学因其独特性及其在传承知识方面的重要性而受到肯定。高校体育教学已超越了传统体育活动的范畴，它承载着身体知识传递的任务。这种知识有助于人类感知的复苏，是科学知识体系中不可或缺的一部分，并将在未来得到更广泛的认可，特别是在健康研究领域中发挥作用。

（二）体育教学过程的直观形象性

在体育教学的过程中，教师应当特别注重教学内容的直观性和形象性。为了达到这一目标，教师需要运用生动、形象的语言来简化复杂的体育知识，使之易于被学生理解。此外，通过动作示范、使用模型以及其他直观的教学手段，教师可以帮助学生构建起正确的运动表象，这对于促进学生对体育知识和技能的掌握具有极其重要的作用。在高校体育教学的实践中，教师的行为不仅可以传递知识，还具有显著的示范效应，这种效应能对学生的身心发展产生深远的影响。学生参与体育活动的实际表现，为教师提供了最佳的观察和指导机会，教师可以借此机会深入了解学生的运动能力和学习需求，进而调整教学方法和策略，以更好地满足学生个性化发展的要求。

（三）体育教学内容的审美情感性

体育教学之美，不仅体现于教师和学生在运动中展现的身体美和运动美，还在于运动在塑造身体线条的同时，彰显了人体运动的美和精神的美。学生在克服各种障碍最终达到运动目标的过程中，展现出各种美好的意志品质。高校体育活动不仅展示了人体美、精神美，还体现了教学内容的审美性，每个运动项目都蕴含着独特的审美特征和美学精神。这些宝贵的经验由教师传授给学生，有助于促进学生的身心健康和全面发展。同时，体育教学作为一种社会活动，其创造性还能够启迪智慧。

（四）客观外界条件的制约性

在高等教育机构中，体育教学的效果往往受到众多因素的综合影响，这些因素涵盖了学生个人的特征、体育设施的完善程度以及气候条件等多个方面。为了保证体育教学的全面性和有效性，高校体育教学必须充分考虑学生的性别差异、年龄层次、生理特点以及心理状态，同时要注意学生在体质上的差异。教师在进行教学活动时，需要根据这些不同的情况来设计和调整教学方案，以适应不同学生的需求。如果在教学过程中忽视了这些关键因素，可能会导致教学效果不尽如人意，甚至引发安全问题，给学生带来潜在的危险。

高校体育教学一些课程选择在室内进行，就是为了减少室外环境的干扰，例如噪声和天气变化。体育教师在制订教学计划和选择教材时，应当将这些潜在的影响因素纳入考量，旨在提高教学效果和质量，并利用自然条件来增强学生的适应能力。

（五）教师与学生身体活动的频繁性

在高等教育的体育教学活动中，教师扮演着示范者、指导者和反馈提供者的角色，因为掌握运动技能主要依靠身体的实践和操作。学生必须通过持续的体能训练和动作练习来掌握技能，所以体育课堂上教师和学生的身体活动频繁，与其他需要安静室内环境的学科教学形成鲜明对比。体育课程不仅要求学生参与相应强度的身体活动，还能引发他们的情感体验，这些都是体育教学的外在表现形式，与文化内涵紧密相关。

（六）学生身心发展的统一性

体育在本质上是自然对人的塑造，强调生理与心理的和谐发展。在高等教育体育教学中，教师不仅要传递体育文化，还要强化学生的心理韧性和社会适应能力。高等教育体育教学强调身心发展的统一性，与辩证唯物论相一致，其中身体发展是根基，而心理发展则可进一步促进身体发展。身心发展的统一性表现在以下三个方面：

第一，在高校体育教学的过程中，我们应当重视对学生进行全面的能力和素质培养。其不仅包括身体素质的提升，还应该涵盖心理素质和社交能力的锻炼。教师应精心设计教学内容，重点培养学生的社会适应能力，促进学生身心发展。此外，体育课程的设计和实施应当遵循社会学和心理学的基本原则和要求，以确保教学活动能够有效地促进学生在这些领域的成长和发展。

第二，体育教师在进行教学活动时，应当充分考虑每个学生的身体素质以及心理发育的实际情况，从而选择恰当的教学方法、组织合适的教学活动。在这样的教学过程中，学生通过反复的练习和适当的休息，能够有效地促进身体健康发展。如果教师能够合理安排练习活动与休息时间，确保它们在一定的范围内交替进行，那么学生的生理机能将会呈现出一种波浪式的变化。这种变化不仅反映了学生身体的适应性和恢复能力，而且表明了教学方法的有效性。因此，体育教师在制订教学计划时，需要综合考虑学生的个体差异，以及如何通过科学的训练安排来促进学生的全面发展。

第三，体育课程的教学内容和方法应当与学生的年龄特征以及心理特征保持一致，确保教学效果的最大化。通过观察曲线图像，我们可以清晰地看到学生心理活动的波动情况，这些高低起伏的曲线反映了学生心理状态的变化。基于这样的观察，我们可以得出一个结论：学生的生理和心理负荷呈现出一种波浪式的曲线变化规律。因此，与之相适应的高校体育教学应当具备几个关键特征，即节奏性、身心统一性以及和谐性。节奏性意味着教学活动应当有节奏地进行，以适应学生生理和心理的波动；身心统一性强调的是在体育教学中，身体锻炼和心理发展应当同步进行，相互促进；和谐性则要求体育课程内容和教学方法应当与学生的内在需求和外在环境保持和谐一致，从而创造一个有利于学生全面发展的教学环境。

在规划和安排各种教学方法与组织形式时，体育教师必须深入考虑学生的心理特点和实际需求。这样做不仅有助于提升学生的身体素质，还能有效地激发他们的兴趣爱好和学习积极性。这种方式可以进一步促进高校体育教学功能的充分发挥，确保教学活动达到预期的效果和目标。

第二节　高校体育教学的目标和原则

一、高校体育教学的目标

（一）体育教学目标及其相关概念

纵观我国高校体育发展史，我们可以发现，近年来才在体育教学理论和实践中广泛使用教学目标的概念，以往常常使用的概念为“体育教学目的”“体育教学任务”。例如，在中华人民共和国建立以后，历次的“体育教学大纲”都采用了“一个目的三项任务”这一术语。那么，“体育教学目的”“体育教学目标”“体育教学任务”之间的关系是怎么样的呢？在对体育教学目标的概念进行确定之前，我们应该对这三者之间的关系以及区别有所了解与明确。

1. 体育教学目的、体育教学目标、体育教学任务的含义

我们设置体育学科以及进行体育教学活动的行为意图和初衷就是体育教学的目的。在整个体育教学过程中，体育教学目的是指导思想，是对体育教学提出的总体要求，是对体育教学发展方向的引导。

什么是目标？目标主要指的是所要努力的方向以及要取得什么样的结果，也就是在各个阶段期望达成什么以及最后达成什么。体育教学的目标从这个意义上来说，就是在行动过程中人们为了达到体育教学的某种目的，在每个阶段所设定的预期成果和最终的预期成果。

什么是任务？任务指的是一种被分配的工作或是受委派担负的责任，也就是上级对下属提出的要求或者对下属布置的工作，也就是“要做什么”。从这个意

义上说，体育教学任务就是为实现体育教学目的、达成体育教学目标而应完成或必须完成的工作。

2. 体育教学目的、体育教学目标、体育教学任务之间的关系

体育教学目的、体育教学目标、体育教学任务三者之间的关系具体如下：体育教学目的实现的标志是最终的体育教学目标的达成；最终的体育教学目标由各个阶段的体育教学目标组成；为了实现体育教学目的和体育教学目标所应该做的实际的工作以及应该承担的具体责任就是体育教学任务。

举一个体育教学中的例子加以说明：如果篮球教学的一个目的是让学生掌握篮球技能，从而增强终身体育的能力，那么，篮球教学的总目标就是让学生学会主要的篮球技术和有关知识，篮球教学的分目标则是让学生掌握关于篮球的最基本的技术，学会运用战术、学习有关规则、学会篮球欣赏等，各节篮球课的教学任务就是让学生一步一步地学好基本的篮球技术，逐渐掌握基本的篮球战术和运用的方法，学习篮球的规则，一步一步地学会理性地欣赏篮球竞赛。

可以看出，体育教学目标是一个上承体育教学目的、下启体育教学任务的中间环节，是使体育教学既具有定向、定位功能，又具有定标、定量功能的重要方向因素。体育教学目标是教师做好体育教学工作必须认真研究的教学因素，这也是近年来体育教学目标在体育教学改革中备受关注的重要原因。

（二）高校体育教学目标的结构

1. 体育学科的多功能

功能取决于事物的性质和特点，同理，高校体育学科的功能取决于体育学科自身所具有的性质和特点。

2. 体育学科的价值

体育学科多样的功能和特征使体育学科具有多方面的价值取向。虽然高校体育学科的功能是相对稳定的，但在不同的历史背景和不同的国家，体育学科的各种功能被不同程度地加以利用，体育学科也被赋予各种各样的价值。

当然，人们在追求某种体育功能并努力实现某种体育价值时，也并不是单一的。在多数情况下，人们会同时追求几种体育功能，只不过是更注重、更强调某种功能而已。

3. 体育教学的目标

在不同的历史时期，体育教学的目标体系有其独特性，这些目标体现了当时社会对体育价值的重视程度，同时映射出人们对体育的作用及其意义的理解。因

此，不论体育形式如何变化，体育教学的目标都不止一个。体育教学的目标体系随着时间推移而演变，反映了社会文化、经济和科技的进步，以及人们生活方式的改变。在古代，体育教学可能更侧重于军事训练和身体素质的提升，而在现代社会，体育教学的目标更加多元化，包括促进身心健康、培养团队精神、提高社交能力等。体育教学的目标不仅限于提高学生的运动技能，还包括教育学生如何通过体育活动来实现个人成长和社交互动。因此，体育教学的目标体系是动态的，它随着社会的发展和人们需求的变化而不断调整和更新。

4. 体育教学目标、体育学科的功能及价值之间的关系

功能是每一个事物与生俱来、固有的属性，它定义了事物能够做什么以及如何去做。价值则是人们根据自己的需要、情感和认知，主观地赋予事物以意义和重要性。目标可以看作基于事物功能的价值取向，它指引着人们的行为和追求。即使一个事物具备了某种功能，如果人们没有意识到这一点，或者不认为这种功能对他们来说是有价值的，那么他们就不会将拥有这项功能的事物设定为自己的目标。反之，如果事物缺少某项功能，即便人们非常渴望实现它，也往往难以达成目标，因为缺乏实现目标所需的基础条件。以体育学科为例，它的功能相对稳定，比如增强体质、培养团队精神等，但其价值取向与社会的发展阶段紧密相关。随着社会的不断进步和变迁，人们对于体育的需求和认识也在发生变化，这使体育教学的目标也随之不断演进，以适应新的社会要求和价值观念。

（三）合理制定高校体育教学目标的意义

合理制定高校体育教学目标的意义主要体现在以下几个方面：

1. 充分发挥体育学科教学的功能

只有合理地制定高校体育教学目标，才能明确要实现体育教学的哪些功能。如果体育教学目标过大或过小，那么就不能充分发挥体育教学的功能，导致目标偏离体育教学的基本功能，使体育教学的质量大大下降。

2. 保障实现体育教学目的

体育教学目标是实现体育教学目的的重要标志，只有通过恰当的设定，我们才能有效地实现体育教学的目的。体育教学目标的设定，不仅关系到学生个人的健康和成长，也关系到整个体育教学活动的成效和质量。因此，教师需要综合考虑学生的年龄特点、兴趣爱好以及体育课程的性质和要求，才能制定出既符合学生实际又具有挑战性的教学目标，从而激发学生的学习兴趣，提高他们的运动技能，培养他们的团队精神和竞争意识，最终实现体育教学的全面目标。

3. 确保目标层层衔接，最终实现总目标

如果各个阶段的体育教学目标设定不当，那么整体教学目标的实现就会受影响。因此，为了确保总目标的实现，准确地设定各级教学目标显得至关重要。

4. 明确和落实体育教学任务

体育教学目标决定着具体的体育教学任务。因此，要有具体的体育教学任务来支撑目标的实现。好的目标有助于明确教学任务，体育教学目标是“的”，体育教学任务则是“矢”。有了明确的目标，体育教学任务才能做到“有的放矢”。

（四）高校体育教学中的目标设置

1. 体育运动中的目标设置

（1）目标分类

运动心理学著作对目标进行了分类，分别是成绩目标、表现目标及过程目标。成绩目标把重点放在比赛的最终成绩上，通常会包含某种形式的竞争；表现目标指运动员相对独立于其他参赛者和运动队所创造的比赛成绩；过程目标则把重点放在比赛中呈现出来的具体行为上。

（2）目标机制

目标通过以下四种机制影响行为绩效：第一，目标引导努力，指向目标行为而脱离非目标行为；第二，目标决定努力付出的多少，目标越高，付出的努力越多；第三，目标影响行为的持久性；第四，目标会通过唤醒、发现目标任务知识和策略来间接地影响行为。

（3）目标设置原则

一些学者在总结相关研究的基础上，提出目标设置的原则应包括以下几点：目标应制定得具体、明确，可测量，易观察；清楚地规定时间限制；制定中等难度的目标；写下目标，并定期检查进展情况；运用过程目标、表现目标和成绩目标的组合体；利用短期目标帮助实现长期目标；既有训练目标，也有竞技目标；保证目标被运动员内化和接受；考虑人格因素和个体差异。此外，在设置目标时，还要注意使个体目标与集体目标相结合，让教练员与运动员携手共同制定目标。

（4）好的目标的重要特点

运动心理学家将好的目标的五个重要特点用它们的首字母缩写词 SMART 来表示，也就是说好的目标应该是具体的（Specific）、可测量的（Measurable）、任务指向的（Achievable）、现实的（Relevant）、适时的（Timetable）。

2. 体育教学目标设置的不同阶段

（1）体育教学目标设置的准备阶段

如果教师没有做需要评估而直接和学生一起去实现目标，这是很不明智的。在需要评估中，教师应将整个班级作为一个整体来考查，还要根据教学整体目标来考查每一个学生，从而发现那些需要改进的地方。通过对全班整体需要的分析，教师应找出班级整体的具体目标，并以能够观察到的形式，指出是否能够实现目标及什么时候实现目标。例如，在学期结束时，班级的每个学生都能够在规定时间内完成 1500 米跑。

（2）体育教学目标设置的实现阶段

如果准备阶段得以精心考虑和有效实施，那么就可以顺利进入实现阶段。实现阶段最直接的组成部分就是成绩目标、表现目标、过程目标的实现。在这个阶段，目标会被仔细地考虑和讨论，教师应该向学生指出成绩目标、表现目标及过程目标的区别。

（3）体育教学目标设置的评价阶段

目标设置的评价阶段不应只出现在学期末，而要贯穿整个学期。没有连续的监督、反馈及评价，目标设置过程将很难取得应有的效果。

二、高校体育教学的基本原则

“原则”一词在汉语中通常指观察问题、处理问题的准则。在教学论中，一般认为，教学原则是教育的基本要求，是教育的指导性原理。在教学过程中，教学原则有着重要的指导作用：教学原则是教学活动的出发点，教师必须在此基础上进行教学设计；在教学实施中，教学原则是总调节器，贯穿于教学活动的全过程，教师应该借助教学原则对教学活动进行调节；教学原则是判断教学质量的基本标准，教学质量的高低，从根本上来说，取决于教学原则贯彻的好坏。鉴于此，不管是教师还是教学管理者，都应该掌握由教学论所决定的教学原则。

在进行体育教学的时候，体育教学原则是基本要求。只有遵循体育教学原则，才能从根本上保证体育教学的性质，这是衡量体育教学质量的基本标准，也是在进行体育教学时，一定要遵循的准则或标准。体育教学原则是体育教学工作的基本要求与指导原理，指导着体育教学工作。体育教学原则在体育教学过程中，不仅是教育活动的出发点，还是教育活动的调控中心。从某种意义上说，它在安排教学内容、选择教学方法、运用教学组织形式上，起到了一定的作用。对体育教学原则进行学习和掌握，可以让教师在组织体育教学活动的时候，根据体育教学的客观规律来组织，并正确地解决一系列的理论与实践问题，比如教学内容问题、教学方法选择问题和教学组织形式问题等。在体育教学中，遵守了这些原则，一般就可以提高体育教学的质量和水平；相反，违反这些原则，不仅不会提高教学效果，甚至会使教学的效果大打折扣。

要充分发挥体育教学原则的作用，不能仅依赖某一种原则，而必须有一套完备的原则体系，才能充分发挥其所具备的整体功能。要在体育教学的过程中充分发挥体育教学原则的指导作用，就必须建立完整、科学的体育教学原则体系。

（一）自觉积极性原则

自觉积极性原则侧重激发学生学习的主动性和创造性，认为教师应帮助学生将学习过程从被动转变为主动。教师在体育教学中扮演着关键的引导角色。作为学习的主体，学生需要教师的引导和调控，以培养主动学习的意识。学生应主动进行自我调节，然后与教师的调节和引导相配合，共同实现教学目标。在体育教学中，教师的引导作用与学生学习的主动性同等重要，这对于提高教学质量至关重要。自觉积极性原则的实施与应用，具体要求是：

1. 了解和熟悉学生

教师应对教学对象有充分的认识，并对学生的基本特征有所了解，要知道他们喜欢什么、擅长什么、需要什么、有什么困难、有什么缺陷与不足等。这是教师做好体育教学的先决条件，但要真正了解学生并非易事。全面了解学生是教师完成教学任务的关键。由于教师在师生关系中起着主导作用，如果教师不能积极地了解和熟悉学生，不关心学生，学生就不会信任教师。只有在“知人”“知面”“知心”的情况下，才能为激发学生的主观能动性与自觉积极性打下坚实的基础。

2. 发挥教师的主导作用

为了充分调动学生的自觉性和积极性，需要采取一系列有效的措施，而在这个过程中，教师的角色是至关重要的。教师不仅要运用各种教学策略来引导学生，如亲身示范、详细讲解以及精心组织各种教学活动，而且需要创造一个积极向上的学习环境。这样的环境能够更好地将外部的激励因素有效地转化为学生内在的学习动力，从而激发他们对知识的渴望和对学习的热情。

3. 构建民主平等、情感融洽的师生关系

在体育教学的过程中，教师扮演着至关重要的角色。他们不仅需要亲自示范，传授给学生必要的体育知识和技能，还要成为学生学习的榜样。教师应该以身作则，展现出高度的责任感和专业精神，以此确立严格的标准，让学生在学习过程中有一个明确的追求目标。同时，教师在执行这些严格标准的同时，还应该怀揣着对学生深切的关爱与信任，用一种温暖、坚定的态度去对待每一位学生。通过这样的方式，教师可以构建起一个和谐融洽的师生关系，让学生感受到被尊重和被理解。这种积极的师生互动不仅能激发学生参与体育活动的主动性和热情，还能帮助他们建立自信心、培养团队合作精神，从而在体育学习的道路上走得更远、收获更多。

4. 注意培养学生学习的内在动力

什么是推动学生学习的内驱力？答案是学生学习的内在动力。在课堂教学中，教师要加强课堂教学的艺术性，积极开展启发式教学，以激发学生的学习动力和学习兴趣。学习动机是学生进行各种活动的先决条件，是促进学生学习和锻炼的心理基础。只有学生形成了正确的动机，他们的主体作用才能得到充分的发挥。

5. 培养学生自学、自练和自评的能力

自主学习、自我训练、自我评价是培养学生参加体育锻炼的习惯和终身体育意识的重要基础。在发挥教师主导作用的基础上，要为学生的自学、自练、自评创造一个良好的外在环境，让学生能够独立、主动地进行学习和锻炼。

（二）直观性原则

直观性原则主要指的是在体育教学过程中，要借助各种直观的方法，在学生已经积累的经验基础上，让学生运用多种感官去感知事物，从而提高他们的观察力和主动性，让他们得到直接的体验，获得感性的认知，从而为他们掌握体育知识、体育技术和技能打下坚实的基础。

辩证唯物主义认识论强调直观性原则，认为认识过程是从抽象思维逐步过渡到实践的过程。认识的起点是对客观世界的直接感知，因此在体育教学中，学生应该从感性认知开始，通过感知动作来构建正确的动作形象和准确的概念，为深入掌握体育知识打下坚实的基础。实施直观性原则的基本要求包括以下几点：

首先，教师需要引导学生综合运用各种感觉器官，直接感知体育教材，以此来增强直观感受。这包括利用视觉来观察动作的形态，利用听觉来聆听动作的节奏和教师的指导，利用触觉和肌肉本体感觉来体验动作的力度和协调性。

其次，教师在课堂上应发挥自身的直观作用，成为学生观察的对象。教师需要加强自身的专业修养，提升体育理论知识水平，同时加强运动技术与技能的掌握，确保动作示范的精确性和规范性，以便学生能够准确地模仿和学习。

再次，教师应运用形象和直观的教学工具，例如图片、模型、录音、录像等，来增强体育教学的效果。这些工具能够帮助学生更好地理解动作的细节和技巧，从而提高学习效率。

最后，教师应指导学生进行观察，促使他们主动思考，锻炼思维能力。通过分析和对比，学生能够理解新旧知识之间的联系，辨别技术结构的差异，明确正确动作与错误动作的区别，形成正确的动作表象。教师应避免让学生进行泛泛的观察和形式化的模仿，而应正确选择使用直观教学工具的时机，以获得最佳的教学效果。

（三）因材施教原则

在体育教学的过程中，教师应当严格遵守因材施教这一重要的教学原则。这不仅意味着要对所有学生提出统一的标准和要求，还要深入观察和了解每个班级以及每个学生的个别差异和特点。基于这些差异，教师需要灵活运用不同的教学方法和策略，以适应不同学生的需求。这样的做法可以确保每个学生都能在适合自己的节奏和方式下学习和进步。此外，教师还应该将集体教学与个别指导相结合，通过这种综合的教学方式，更有效地发掘每个学生的潜能，同时培养他们的特长和兴趣。这种个性化的教学方法不仅有助于学生体育技能的提升，还能增强他们的自信心和团队合作能力，从而使他们在体育活动中获得更全面的发展。

因材施教的原则，就是在体育教学过程中，教师要坚持面向全体学生提出统一的要求，但在此基础上，还要根据不同班级的不同学生的个体差异进行个性化指导。也就是说，只有集体教学和个别指导相结合，才能充分发展学生的才能与特长。

学生身心发展的客观规律、个体发展具备不平衡性，是因材施教原则确定的依据。对于同一个年级的学生来说，其在身心发展规律上具有共同点，所以，体育教学在此基础上提出了统一的要求。但是我们也应看到同年级、同年龄段的学生在身体形态、心理素质、兴趣爱好、运动能力、运动项目专长等方面有不同程度的差别，具有发展的不平衡性。这就需要教师在教学内容上做到“一视同仁”“因材施教”。实施和运用因材施教原则有三个基本要求：

第一，对学生的总体状况及个性特征进行全面的认识，这样才能更好地培养学生，这是因材施教的重要前提。因此，教师需要对学生的体育知识水平、兴趣爱好、身体健康状况、体育基本素质、思想品德、身体素质等进行全面的了解，找到学生之间的共性与差别，根据班级学生的实际情况，采取不同的教学方式，进行有针对性的教学。

第二，面向全体学生，兼顾两头。教师应该集中精力，使所有的学生都得到全面的提高。制订的教学计划、所确定的教学目标和要求，应当是大部分学生通过自己的努力能够达到的。与此同时，也应该做到兼顾两头，也就是说，对于一些身体素质好、具备体育才能的学生，应该为其创造条件，积极引导他们进行课余体育训练，为提高他们的专业水平打下基础；对于一些身体素质相对较差的学生来说，应该保持耐心，要及时给予帮助和关心，帮助他们在原来的基础上不断提高，达到教学目标。

第三，立足于现实的客观条件，从实际出发。在实施因材施教原则的同时，也要结合学校的实际情况。不同的地区、不同的季节、不同的场地、不同的器材、不同的设备，都会对学校的体育教学产生一定的影响。在确定课程目标的过程中，教师除了要考虑教材的内容、学生的特征、教学的手段、组织的方法等，还要考虑上述客观因素，从而达到因材施教的目的。

（四）身体全面发展原则

身体全面发展原则就是在进行体育教学的时候，要对教材内容进行综合、多样化的选择和安排，这样才能让学生在身体各系统机能、身体素质、基本活动能力等方面得到充分的发展。

身体全面发展原则是根据青少年的年龄特点和人体的整体性来制定的。这一原则强调，鉴于青少年的身体具有极高的可塑性，体育教学应当采用多样化的教材和创新的教学方法，以全面锻炼身体，协调各系统功能，并养成正确的身体姿势。单一的运动项目可能会导致身体畸形发展，从而影响健康。身体素质、身体各系统功能以及基本活动能力是相互关联的，因此，身体的全面发展必须建立在全面锻炼的基础之上。通过这样的教育方式，我们能够确保青少年在成长过程中，不仅在体育技能上有所提高，而且在身体素质和健康水平上也能得到均衡的发展。落实身体全面发展原则的基本要求有以下几个：

第一，对教学大纲和课程标准进行全面的贯彻，落实其所提出的要求与目标。认真研究并理解课程标准和体育教学大纲，并充分执行其中规定的要求与目标。在对全年的教学工作计划以及教学进度进行安排的过程中，应该合理搭配各种教材与考核的项目，这样才能确保学生的身体得到全方位的锻炼。

第二，在整个体育教学中，必须贯彻学生身体全面发展的原则。在进行体育课程准备的时候要做到全面和多样，合理与科学地搭配基本的教材，在准备环节，要对关节、肌肉、韧带进行充分伸展，从而达到课程的目标。基础部分的训练应该包含以上肢为主的练习以及以下肢为主的练习，这样才能保证学生的身体得到全面的发展和锻炼。在课程结束时应该进行一些放松活动，并且要给学生布置一些课外作业，让课程有组织性地收尾。

第三，不断地克服仅仅出于兴趣而采取行动的倾向。教师应该在体育教学中不断激发学生的学习兴趣和积极性，让他们爱上体育课。因此，必须采取一系列的方法和措施来激发和调动学生的学习兴趣。单纯从兴趣出发指的是将学生的兴趣放在第一位或中心地位，甚至违背体育教学大纲，也违背全面锻炼的原则，学生喜欢什么，教师就教什么，这样的做法对学生的发展不利，长期下去，就会产生不良的结果。在体育教学中，教师应加强对体育教学的指导，积极引导学生正确、科学地认识体育课。

（五）合理安排生理负荷和心理负荷原则

负荷包含生理和心理两个维度。在体育教学过程中，合理规划负荷至关重要。教师要确保学生承受适宜的生理和心理负荷，并确保休息与练习的交替进行，从而促进学生身体和精神的全面发展。合理规划负荷的依据是学生在体育学习中心理和生理负荷变化的规律。适度的生理负荷刺激有助于提升身体机能，然而，过大的负荷可能导致生理机能受损，而负荷不足则达不到锻炼的目的。

要想获得理想的教学效果，应该在学生注意力与情绪心理达到最佳的时候，组织学生学习和掌握知识与动作、技术。在学生的意志处于最佳时期进行运动锻炼可以获得良好效果。在对合理安排负荷原则进行贯彻和运用的时候，其基本的要求如下：

第一，在安排课程的时候，应以教学目标、教学性质以及学生的特点为基础，对于新授课以及复习课有不同的生理负荷安排要求。由于学生的性别、年龄、身体状况等存在差异，在进行生理负荷的安排时应有针对性。对于不同性质的教科书，要根据其对人体机能的不同功能与效果，进行科学编排。除此之外，还应该综合考虑学生的生活方式、营养状况、身体活动的负担以及运动地点的环境状况、所处区域的气候因素等，来确定生理负荷。

第二，应恰当处理生理负荷的数量与强度之间的关系。要使数量与强度协调一致，循序渐进地提高学生的身体素质。在体育课上，一般是先加大负荷量，等适应后，再加大运动强度。在增加量时，应适当降低强度。在强度再增加的时候，量也应该相应地减小，只有这样，量和强度交替地增减、密切地协调，才能逐渐提高学生的负荷能力。

第三，在处理生理负荷数据时，表面数据包括运动的强度和量，而内部数据则涵盖由此引发的生理和生化反应。通常情况下，这两者是一致的。然而，由于学生体质和训练水平具有差异，因此相同的表面数据可能对应着不同的内部数据。所以，在对人体的生理负荷进行分析时，必须综合表面数据和内部数据，以此为基础进行综合的评判与评估。

第四，合理安排心理负荷。在对心理负荷进行安排的时候，主要强调三个方面：注意力、情绪和意志。心理负荷不仅需要与生理负荷相协调，还应该与教学的进程相吻合，具备鲜明的节奏，起到相互补充与调节的效果。

第五，应合理与科学地安排休息时间和休息方式。在遵循生理负荷和心理负荷特点的基础上，对休息时间和方式进行合理安排，才能达到理想的效果。

第六，监测、统计与分析生理负荷和心理负荷。要想对体育课的质量进行评估，就需要对生理负荷和心理负荷进行测量，也就是说，需要从生理与心理两个方面入手，来实现客观、综合的评价。

（六）循序渐进原则

循序渐进原则是体育教学中一个非常重要的指导思想，强调在教学内容、方法和负荷安排上必须保持连贯性和系统性，以确保教学过程的顺畅和有效。这一原则要求教师在设计课程时，必须充分考虑学生的年龄特征和性别差异，以及他们的身心发展水平，从而制订符合学生实际情况的教学计划。同时，循序渐进原则也强调遵循客观规律，比如动作技能的形成规律、认识事物的普遍规律以及知识与技术之间的内在联系，这些都是教学过程中不可忽视的重要依据。

在实际的体育教学中，教师应根据循序渐进的原则，逐步引导学生学习。这意味着教学内容应该从简单到复杂、从已知到未知、从易到难地进行安排。通过这样的方式，学生可以在一个系统性的学习过程中，逐步掌握体育知识、技术和技巧，从而有效地提升自己的体育能力。这种教学方法不仅有助于学生更好地理解和吸收知识，还能激发学生的学习兴趣，培养他们的自主学习能力和终身体育锻炼的习惯。应用此原则的基本要求是：

首先，提升教师素养，强化素质建设。教师需要深入理解学生身心发展的规律和特点，系统地掌握教材知识，了解教材之间的内在联系。这不仅包括对学科知识的精通，还包括对学生个体差异的了解，以及将理论知识与实践相结合的能力。

其次，制定教学文件是至关重要的一步。教师需要确保教学方案不仅在理论上是可行的，而且在实践中也能够保持教学工作的系统性和一致性。教学计划的制订应确保内容的连贯性，逐步深入，从基础到高级，从简单到复杂，确保学生能够循序渐进地掌握知识。

最后，编排教学内容时，教师需要考虑运动项目的顺序，从易到难，同时顾及项目间的内在联系。在安排教学内容时，教师应明确先考虑哪个项目、后考虑哪个项目，确保教学循序渐进，使每个项目的学习都能为下一个项目打下坚实的基础。这种编排方式有助于学生更好地吸收和理解知识，同时激发学生的学习兴趣和动力。

（七）巩固提高原则

巩固提高原则是指在体育教学过程中，要让学生对所学的基础知识、技术和技能有较好的把握，使自身的体能得到不断的发展，增强身体素质。

运动条件反射建立与消退的生理规律是巩固提高原则的主要依据。只有在不断的练习中，才能掌握动作技术和技能，让自身的动作技术与技能得到巩固和提高。反复练习有利于建立和巩固运动条件反射，并且在大脑中形成动力定型。然而，在动力定型被确立之后，还需要持续地进行练习，持续地对其进行强化，让其变得更加稳固和完善。否则，已经形成的动力定型还是会消退，影响教学效果。落实和应用巩固提高这一原则，其基本要求如下：

第一，反复练习。为了确保学生有效地掌握所学的知识、技术和技能，我们必须让学生不断地进行重复练习，通过增加练习的频率来持续巩固运动条件反射，这是实现巩固提高原则的核心手段。然而，这种重复练习并不是简单的、无变化的重复，而是在学生已经掌握的基础上，逐步消除动作中的不足与错误。通过这样的方式，学生能够明显感觉到自己的进步和成长。只有这样，才能更有效地激发学生反复练习的热情和主动性，进而更有利于学生对所学知识、技术和技能的巩固与提高，最终达到提升学习效果的目的。

第二，通过提问、测验、比赛等形式进行。为了进一步贯彻、巩固提高原则，其中一个有效的手段是利用提问、测验、比赛等方式进行检测，这有利于学生完成学习任务。在教学过程中，教师应依据教学目的、教学要求，实施有效的教学方法和教学手段。当某个阶段的教学接近尾声时，可以通过比赛的方式来观察学生在比赛的情况下，对所学体育知识、技术和技能的掌握程度。

第三，改变练习条件。通过设计和调整练习环境，我们能够进一步提升学生的体育基础技术和能力。这种调整不仅限于场地的变化，还包括器材和环境条件的优化，以及动作结构的创新性改变。例如，可以将跑步练习从平坦的地面转移到具有挑战性的坡道上进行，这样不仅能锻炼学生的耐力和力量，还能提高他们的平衡能力。此外，调整器械的重量和大小，使之适应不同学生的身体条件和力量水平，这也是提高练习效果的有效方法。还可以通过改变动作的组合方式，例如将简单的跑步动作与其他体操动作相结合，创造出新的练习模式，从而激发学生的兴趣，提高他们的学习动力和参与度。总之，通过多样化的调整，我们能够为学生创造一个更加有效的体育学习环境。

第四，课堂内外结合。除了课堂教学，教师还可以给学生安排一些课外作业或家庭作业，让学生在课堂外也进行练习，实现技能、知识、技术的提高。

第五，培养进取心。不断设定新目标，培养学生的学习兴趣，激发他们的学习积极性和动力。

上述几条体育教学原则是一个有机整体，它们相互联系、相互补充、相互影响，教师应该在体育教育教学过程中对它们进行全面、准确的把握和落实。对于体育教学原则来说，其属于动态发展的范畴，但是，在一定时期内，又具有相对稳定性。在体育教学实践中，人们对教学规律的理解会越来越深刻。

第二章　高校体育教学的内容

本章主要讲述高校体育教学的内容，依次是高校体育教学内容概述，高校体育教学内容的特性、分类和层次，高校体育课程与教材的选用，高校体育教学内容的优化。

第一节　高校体育教学内容概述

一、体育教学内容的概念和发展

体育教学内容是体育教学系统的核心和基础，是教学过程中“教”与“学”双边活动的中介和载体；体育教学内容是体育教学计划、教学大纲、教材中体现出来的关于体育与健康的知识和技能体系。高校体育教学内容是体育教学工作者进行体育教学的主要参考依据，在体育教学中占据着非常重要的地位。再加上体育教学内容所涉及的知识点较为繁杂、宽泛，因此对于任何一名高校体育教学工作者而言，体育教学工作必须建立在对体育教学内容充分了解的基础上。

根据多年来对体育教学的研究与探索，并结合对体育教学内容的理解，笔者将体育教学内容定义如下：体育教学内容是依据当前国家总的教育方针和社会对体育教学的需求选择出来的，是基于对学生身体条件与学校教学条件的深入分析和研究，在体育教学环境下传授给学生的相关知识与技能。

体育教学内容是根据体育教学目标进行选择的，是根据学生在成长过程中的发展需要及体育教学过程中必需的教学条件最终整理而成的，并且是根据社会需求的发展而不断变化的。体育教学内容主要是针对教学对象大肌肉群的运动，具有很强的实践性，主要包括身体锻炼的方式与技巧、运动型教学的比赛方法、运动技能等。

体育教学内容包括两层含义：一方面，体育教学内容有别于一般的教育内容。

一是体育教学内容是依据体育教学目标而确定的，在制定目标时充分考虑了学生的身心发展需要、教学实际条件等因素；二是体育教学内容是以身体活动为基本手段来进行的，以身体锻炼、身体练习、运动技术与技能学习和教学比赛等作为主要的教学形式，而语文、数学、英语等学科则是以理性知识传授为主。另一方面，体育教学内容有别于竞技运动的内容。竞技运动中的训练虽然也具有育人功能，与体育教学类似，二者的运动项目大部分相同，但二者的目的和对运动项目的运用却有很大差异。具体来说，体育教学以培养健康的合格公民为目的，竞技运动以培养高水平运动员和获取优异的运动成绩为终极目标；体育教学内容需要根据社会发展及教育的要求进行必要的改造、组织和加工，而竞技运动内容在通常情况下不必和不允许进行改造。即使是相同的运动项目，二者对受教育（训练）者在体能发展的水平和动作技能的标准化程度等方面的要求也迥然不同。体育教学内容在形式、性质和功能上的多样性使其在选择、加工、组织和教学过程控制中变得更加复杂。

二、体育教学内容的特点

（一）体育教学内容的功能具有多样性

体育教学内容起源不同，又受到所处文化形态的影响，所以具有不同的功能。人们对体育教学内容的判断也必然会受到其传统起源的影响。因此，在进行体育教学的时候，体育教育工作者要遵循因材施教的原则，只有这样，才能保证体育教学活动的顺利进行。

（二）体育教学内容的更新速度较快

体育教学本身对实践性要求较高，教学中涉及的因素也非常多，受当前有关体育教学的方针、地域、经济、政治、文化的影响较大，因此体育教育工作者在进行体育教学时的工作难度较大。要想与时俱进地开展体育教学，就要根据社会的需求不断地更新教学内容。

（三）体育教学各内容之间是一种平行的关系

体育教学虽然涉及的内容较多，但是各子内容之间往往并没有太多的联系和牵制，而是一种平行的关系。如跑步和跳远就是相对平行的两种内容，在教学过程中，两者之间并没有太大的联系。

（四）每一种体育教学内容被赋予的教学任务不同

体育教学内容具有很强的时代性，不同时代的人对体育教学的要求不同，因此每一种教学内容所承担的教学目标和任务也就不同。例如，在体育教学中开展各种体育锻炼是为了提升学生的身体素质，进行比赛是为了培养学生的团队精神、合作意识等综合素质。在进行体育教学或是选择教学内容时，体育教育工作者应该认真地分析教学目标，以便对教学内容进行梳理和选择。

三、体育教学内容的选择依据和原则

（一）体育教学内容的选择依据

体育教学内容具有多样化、多指向、多手段、多功能等特点，要从丰富多彩的体育活动中挑选出合适的来作为体育教学内容，这一过程是烦琐和复杂的。体育教师必须像制定体育教学目标一样，依据一定的原则来选择体育教学内容。体育教学内容是直接为体育教学服务的，是直接关系到体育教学目标和课程目标实现的关键性要素。体育教学内容的选择必须做到以下几点：

1. 以“健康第一”为指导思想

体育教学内容是实现体育教学目标的载体，在选择体育教学内容时，教师应该分析所选择和设计的体育教学内容是否体现了“健康第一”的指导思想。只要是有利于促进学生健康的体育教学内容，无论是现代竞技体育项目、新兴体育活动，还是民族传统体育项目，或者直接来源于生活的体育游戏、体育活动，都可以成为学校体育课程教学的内容，而那些不利于促进学生健康的，应该坚决摒弃。

2. 以实现体育教学目标为宗旨

体育教学是实现体育与健康课程目标的主要途径。体育教学内容是实现体育教学目标的载体。在体育教学实践中，对体育教学内容的选择明确与否会直接影响教学效果。因此，在选择体育教学内容时，教师要充分考虑到其作为实现体育教学目标载体的作用。体育教学目标是选择和设计教学内容的依据。

3. 遵循学生的身心发展规律

不同年龄阶段的学生在生理和心理方面具有显著的区别，他们在体能、身体形态、身体机能、认知、情感、个性、心理特征、思维方式等方面都有着较大的差异。在通常情况下，体育教学内容是相同的，然而，体育新课程标准只是规定了课程目标体系，而对于不同年龄段的学生，需要通过哪些体育教学内容才能促进其达成学段目标，则需要教师和学生共同设计和构建。教师要遵循教学对象的身心发展规律，然后在此基础上选择、改造或创编适合学生身心特征的教学内容。这样才能有效地完成教学任务，为提高体育教学质量提供前提。

4. 了解学生的兴趣爱好和发展需求

《体育与健康课程标准》对不同年级的体育教学内容未做具体详细的规定，主要是考虑到体育教学内容必须满足不同类型学校和学生的不同兴趣爱好与需求。学生是体育学习过程的主体，教师在教学中必须充分考虑他们的兴趣和需求。不同阶段的学生的生理和心理特点决定了他们对体育活动的不同兴趣和需求。因此，在选择体育教学内容时，教师应将学生的兴趣和发展需求作为重要依据。

5. 结合不同地区和学校的实际教学条件

体育教学内容只有借助一定的体育场地、器材和设备，才能有效发挥其载体作用。我国经济文化发展的区域性差异较大，体育与健康课程只规定了课程目标体系和五个学习领域，并没有规定具体的体育教学内容，这有利于不同地区、不同学校根据自己的实际情况做出选择、改编和设计。因此，在体育教学中，教师要根据所在地区、学校的实际情况，设计和选择体育教学内容，在教学目标体系的统领下，真正达到“条条大道通罗马”的理想效果。

（二）体育教学内容的选择原则

1. 教育性原则

体育教育的属性决定了教学内容选择的教育性原则，具体要求如下：

第一，分析体育教学内容是否具有教育价值。

第二，体育教学内容选择必须与体育教学目标相符，为体育教学目标的实现服务。

第三，体育教学内容注重教学过程中的文化内涵，在传授运动技能的同时弘扬体育文化。

第四，体育教学内容的选择应重视学生意志、品德方面的发展。

第五，体育教学内容的选择应与社会价值同步，促进学生社会价值的实现。

2. 科学性原则

体育教学内容的选择应符合客观规律，体现教育的科学性，具体要求如下：

第一，体育教学内容的选择应有利于学生身心的协调发展，对学生的心理健康发展不合适的教学内容应摒弃。

第二，体育教学内容应促进学生对科学锻炼原理和方法的深入了解，通过体育学习促进学生科学地从事体育活动实践。

第三，体育教学内容本身应具有科学性。

第四，体育教学内容应与学校实际情况相结合。

3. 趣味性原则

兴趣是最好的老师，体育教学内容选择的趣味性原则具体要求如下：

第一，体育教学内容应有助于激发学生的体育学习兴趣，避免选择过度竞技化的内容。如果专业竞技体育知识和技能学习与学生体育水平不符，就容易打击学生的学习积极性。

第二，结合学生特征选择他们感兴趣的、觉得有趣味的内容。

4. 实效性原则

体育教学内容应具有简便易行、有效促进学生身心健康发展的特点。

第一，改变教学过程中过度侧重书本知识的状况。

第二，体育教学内容要兼顾学生的体育学习兴趣和经验，最好是大众喜欢的、社会上比较普及的内容，进而为学生的终身体育奠定基础。

5. 民族性与世界性原则

体育教学内容应体现民族性，同时要与世界体育发展接轨，借鉴和吸收国外优秀的课程内容与文化。

第二节　高校体育教学内容的特性、分类和层次

一、体育教学内容的特性

体育教学内容除了具有教学内容的共性之外，还具有很多专属于体育教学的特性。这些特性在体育教学过程中发挥着非常重要的作用，主要表现在以下几个方面：

（一）实践性

实践性是体育教学内容最突出的一个特点。这里的实践性是指大部分体育教

学内容是以身体练习的形式进行的。体育教学内容与体育实践活动联系密切，学生只有在从事这种以大肌肉群运动为特点的运动时才可能真正地掌握这些内容。通俗地说，就是只靠语言的传递，只靠看、想、听是无法学好体育课程的。当然，体育教学中也有知识和道德培养的内容，但是知识学习和道德培养也必须通过运动学习和实践体验获得，这一点与其他学科的教育内容形成了鲜明的对比。

（二）娱乐性

体育教学内容来自各种身体活动，而绝大部分身体活动又是来自人的娱乐性运动，因此，体育教学内容自然具有运动的乐趣和娱乐性。这些运动的乐趣不仅体现在运动学习和运动竞赛过程中的竞争、协同、表现上，也体现在学生对新运动的体验和对学习进步的成就感里，还体现在运动的环境、场地、比赛规则、比赛形式的变化和加工方面。学生在学习体育教学内容时，必然存在对这些运动乐趣的追求动机，所以，体育教学效果也受到体育教学内容娱乐性的影响，这也是体育教学内容与其他文化课内容的重要区别之一。

（三）健身性

由于很大一部分体育教学内容是以大肌肉群的运动作为主要形式的技能学习与练习，因此体育学习就必然会对身体形成一定的运动负荷。在运动量合理的情况下，参加体育学习和练习会对身体起到锻炼作用，但受教学时间的安排、训练量和学习目标的影响，这种锻炼作用常处于非组织性的附属状态。针对这样的情况，教师在教学实践中可以进行很多体育教学内容健身性的尝试，如在编排体育教学内容时，根据学生不同的身心特点，将健身作用进行科学化的设计和控制，在体育教学中对以身体不同部位为主的内容进行搭配，对运动负荷进行合理安排，对每项教育内容的健身效果进行评价等。可以说，体育教学内容的健身性是其他学科的教育内容所不具备的。

（四）开放性

由于体育教学多是以集体活动的形式来进行的，而运动是以位置的变动来进行的，再加上在运动学习、练习和比赛中人的交流又是极其频繁的，因此，与其他教育内容相比，体育教学内容具有显著的人际交流的开放性。体育教学内容以这种人际交流的开放性为基础，形成了对集体精神和竞争意识协同培养的独特功能，使体育教学中的师生、生生之间的关系更加密切、开放。此外，一些以小组形式开展的体育教学内容，能使组内成员分工明确，体育学习中的各种角色变化远远多于其他学科的学习。

（五）层次性

体育教学内容具有鲜明的层次性，具体表现在两个方面：一是体育教学内容的内在层次性，即体育运动的内在规律使体育教学内容之间存在着由简单到复杂、由易到难的递进式层次性。这种内在层次性可以相互联系、相互制约。例如，篮球运动中的运球、传球等基本技术是战术学习的基础；田径教学中的短跑教学内容是跨栏跑教学内容的基础等。体育教学内容的内在层次性是教师编制体育教学内容的依据。二是体育教学内容的外在层次性，即学生的生理、心理和社会特点等外在因素也具有递进式的层次性。这使体育教学内容的安排应具备系统性、逻辑性，并与以上层次性因素相适应。

（六）约定性

体育教学内容还具有约定性的特点。这是因为很多运动是在固定的场地上进行的，甚至是以场地来命名的，如“沙滩排球”“山地自行车”等。换句话说，如果这些项目离开了特定空间的制约，其内容就会产生质的变化，甚至内容本身就不存在了。由于体育教学内容具有空间制约性，使体育教学对场地、器材有很大的依赖性，因此场地、器材、规则本身也成为体育教学的重要组成部分。

二、体育教学内容的分类

对体育教学内容进行分类的目的是梳理教学内容体系，使教学内容更加清晰，进而对体育课程和教学目标的实现发挥更强的载体作用。在我国体育教学理论和实践的研究中，国内体育理论专家、学者对体育教学内容的分类做出了有益的探索。

（一）体育教学内容分类的要求

1. 符合社会发展的需要

体育教学内容在服从国家教育目标的基础上，随着社会发展和教育方针的要求而不断变化。因此，体育教学内容的分类也要与时俱进，适应社会发展的需要，也就是以目标进行分类，根据不同时代的社会发展需要，对体育教学内容进行优化和完善。

2. 符合体育学科的本质

体育教学内容的分类应为体育教学实践服务，分类的正确与否须在实践中不断地检验。体育教学内容的分类必须符合体育学科要求，并且应遵循体育教学内在的逻辑性。体育教学内容的分类应有整体性的观念，既要与体育教学目标、体育教学计划相一致，又要与体育教学方法、评价等相互联系，成为一个有机的整体。

3. 符合学习者的要求

根据不同年龄段的学生的特点，各阶段的体育教学目标也是不同的。因此，体育教学内容的分类也要有所变化，即要符合不同年龄段学生的阶段性要求。

（二）我国体育教学内容的分类

体育教学内容是多种多样的，其所对应的教学任务、教学目标也是多方面的。因此，体育教学内容的分类方法具有多样性和层次性特征。体育教学内容在分类时可以分成不同的层次，不同的层次又可以运用不同的分类方法，但是在同一层次上必须采用同一个分类标准进行分类，保证同一维度遵循“子项之和等于母项”的分类标准。目前，体育教学内容经常采用的分类方法有依据人体基本活动能力分类、依据身体素质分类、依据运动项目分类，以及综合交叉分类等。

1. 依据人体基本活动能力分类

依据人体基本活动能力分类是体育教学实践中较为常见的一种分类方法，它是按人的走、跑、跳、投、攀、爬、钻、平衡、支撑、踢、接等身体活动能力划分的。

这种分类对于有目的、有计划地培养学生的走、跑、跳、投、平衡等人体基本活动能力是有利的，且不易受到运动项目的限制。这种分类方法不仅有利于不同教学内容的组合，还有利于发展学生的各种身体动作和基本活动能力，比较适合低年级的游戏类教学内容。

2. 依据身体素质分类

发展学生的身体素质是学校体育教学的目标之一。这种分类是按照速度、力量、耐力、灵敏、柔韧等身体素质内容进行的。

这种分类方法的特点是：有利于实现锻炼身体的目的和帮助学生正确认识各种体育运动项目与身体素质能力之间的关系。但是，由于许多项目并不是单纯发展学生某一方面的身体素质，因此这种分类显得不够确切，而且这种分类容易造成对体育教学内容文化特性的认识不足，从而使学生忽视体育运动的文化知识学习。

3. 依据运动项目分类

依据运动项目进行分类是体育教学中最常见的教学内容分类方法之一，它是按照运动项目的名称和内容进行分类的，如田径、篮球、足球、武术、游泳、健美操等。

这种分类方法具有以下特点：第一，这种分类有利于教师和学生根据运动项目共有的特点进行教授与学习，因为这种分类方法与竞技体育中的运动项目几乎完全一致，在名称和内容上易于理解，有利于学生学习和掌握竞技运动文化。第二，这种分类方法容易否定非正式比赛项目或一些尚不规范的比赛项目，因其在规则、技能等方面具有高技艺、高难度、高水平的特点，这些内容往往既不符合学生身心发展的要求，也不符合学校的师资队伍、场地器材等教学条件。要将其纳入学校体育教学，就必须对其规则、难度等做出必要的调整，使之符合体育教学内容的选择要求。因此，这就对体育教师提出了更高的要求，也对“竞技运动教材化”提出了更高的要求。这类教学内容与原来的运动项目相比，在规则、难度等方面会产生较大差异，可能导致学生对运动项目的理解出现偏差。

4. 综合交叉分类

综合交叉分类是指结合多种标准，形成一个综合的分类体系。这种分类方法的特点在于：能够反映不同年龄段的学生的身心发展特点和体育与健康课程学习的基本要求，有利于实现体育教学的综合效果；既有助于保持运动项目的共有特点和系统性，又有助于加强学生身体锻炼的实效性，使运动项目的技术练习和发展学生身体素质的练习相互交叉、相互融合。但这种分类方法违背了事物分类的基本原则，分类的标准不是在“同一维度”上进行的。

（三）体育教学内容分类的注意事项

对体育教学内容进行分类的目的是对内容进行科学的整理，使内容与教学目标形成无缝对接，实现教学目标、方法等的相互贯通，更清晰地向体育教师传达体育教学课程和教学内容的目的，从而指导体育教学的开展。由此可见，体育教学内容的分类和整理在教学过程中起着非常重要的作用。笔者根据多年来对教学内容分类的研究和经验，将进行体育教学内容分类的注意事项总结如下：

1. 教学内容的分类要服从教学目标

体育教学内容的分类并不是一成不变的，要根据国家的教育方针和教育目标的要求而不断变化，而教学目标是随着时代的变化和人们需求的不同而逐渐变化的，所以固定的体育教学内容的分类也是不存在的。因此，体育教学内容的研究者和教材的编写者在对体育教学内容进行分类的时候，要不断更新自己的时代观念，关注体育教学目标的变化，使教学内容的分类更好地服务于教学目标。

2. 教学内容的分类要具有科学性

体育教学内容的分类是体育教学过程的指导依据，是实现体育教学目标的根本保障。因此，在对体育教学内容进行分类的时候，要确保其符合教学大纲的根本要求和原则，同时要有科学的观念，只有这样，才能保证体育教学内容的分类能够有效地指导体育教学活动。

3. 教学内容的分类要具有阶段性

体育教学贯穿学校教育的始终，但是个体的成长具有阶段性，不同年龄段的学生对知识和技能的接受能力不同，加之体育教学大纲对各个年龄段学生的教学要求和教学目标是不同的，所以研究者在对体育教学内容进行分类的时候，应当具有阶段性，结合学生身体发育的阶段进行教学内容的编排。

4. 教学内容的分类应为教学实践服务

体育教学对实践性要求较高，实践性是体育教学的一个显著特征。在进行体育教学分类的时候，教师应该按照教学内容的实践性强弱对其进行合理的划分。对实践性要求较高的体育教学内容，多安排实践环节；对实践性要求较低的体育教学内容，根据其性质多安排理论课程的讲授。只有这样，学生才能全面掌握教学内容的重难点。

5. 要明确教学内容的选编原则

随着社会对体育教学要求的不断提高，教师需要通过体育教学研究对体育教学内容进行调整和优化；为了保证体育教学内容更有利于学生的成长和发展，应该确保体育教学内容的科学性。因此，体育教学研究者应该明确体育教学内容的选编原则，这也是进行体育教学研究的必要条件。

6. 掌握和了解体育校本教材

体育校本教材是体育教师指导学生进行体育活动的基础，也是教学内容的载体。无论是哪个层次的体育教学研究，都要建立在对校本教材充分了解的基础上，掌握当前情况下体育教学的基本内容及编写方案，从而为研究提供更多的理论基础和实践依据。

7. 研究和了解体育教案

体育教案是体育教师进行体育教学的方案和步骤，是体育教学能够顺利进行的前提条件。开展体育教学研究的最终目的是提高体育教学的质量，其中包括对教师教学方法和教学策略的研究。对体育教案的研究和了解能够帮助体育教师明确教学内容研究层次的划分方法和要求。

8. 了解和掌握体育教学条件

体育教学的实践性很强，为了保证体育教学的顺利进行，首先应该有良好的物质条件和适宜的教学环境。良好的物质条件为体育教学的开展提供了基础和保障。例如，在开展体育教学的时候，学校需要提供诸如单杠、双杠、铅球、跳绳等一些能够保证体育运动项目顺利进行的物质条件。如果没有这些物质条件的依托，体育教学就会成为一纸空谈，无法落到实处，也无法发挥其重要作用。适宜的教学环境同样是体育教学的必备条件。学生只有在适合开展体育教学活动的环境中，才能真正融入体育教学活动中，并且适宜的教学环境能够确保学生在体育教学活动中的安全，避免不利于学生安全的事件发生。此外，适宜的教学环境能够促进师生之间的交流和互动，提高体育教学质量。因此，在从事体育教学研究的时候，教师应该清楚地了解体育教学条件，以便在此基础上对教学方案进行可行性研究和分析。

三、体育教学内容的层次

（一）身体活动

身体活动是体育学科区别于其他学科最本质、最显著的特点。体育要完成锻炼身体的基本任务，必须有充分的身体活动，没有身体活动的体育课不能称为真正的体育课，身体活动是体育课最低层次的基本特征和要求。

（二）运动兴趣

兴趣是学好任何一门学科的内驱动力，运动兴趣的培养是体育课的首要任务。例如，体育课的目的之一就是培养和激发学生的运动兴趣。在技术动作方面，高校体育教师强调结构化的运动知识和技能的综合运用。

（三）运动技能

体育与健康课程是一门以身体练习为主要手段，以体育与健康知识、技能和方法为主要学习内容，以增进学生的健康为主要目的的必修课程。《体育与健康课程标准》明确指出，体育主要是一门技能性的课程，运动技能是体育教学中最重要、最核心的教学内容。激发学生的运动兴趣是体育教学的第一步，但是，若体育课只注重兴趣培养，却缺乏具体教学内容支撑，便会显得过于肤浅。

（四）运动文化认知

作为学校教育的重要组成部分，体育教育还担负着传承体育文化的重任。也就是说，体育教学不应仅仅满足于让学生掌握运动技能，还要让学生“知其所以然”，即加强其对运动技能掌握的原理和运动文化特征的理解。值得注意的是，体育是一门实践性很强的学科，学生对运动文化的认知能力主要是在运动技能的掌握和运动项目的学习过程中得以提高的。

（五）安全教育、集体教育与个体差异

体育课应体现出教育功能的多元化，即关注安全教育、集体教育与个体差异。体育活动经常伴随着危险因素，安全是进行体育活动的前提。体育教师备课时如果周全地预想到每个教学环节可能存在的安全隐患，就可以在教学前消除潜在危险，并在教学过程中穿插、渗透安全教育，尽最大可能杜绝安全隐患。同时，在体育教学内容的安排上，教师应适当穿插安全常识、自救自护知识等教学内容。体育活动经常是以集体的形式组织的，怎样利用这种组织形式对学生进行集体主义教育应是体育教师需要关注的，这也是体育促进学生社会化发展的功能体现。学生在身体条件、兴趣爱好和运动技能方面存在显著的个体差异，因此教师要在教学中切实做到关注学生的个体差异与不同需求，真正确保每一位学生从中受益，这是体育教学的最高层次。

第三节　高校体育课程与教材的选用

一、体育课程与教材的选用原则

在任何类型的学校教育中，课程问题都是一个核心问题。这是由于课程集中体现了教育的要求，对教学内容进行了具体的反映，并确定了教学方法、选择了教学组织形式，也是教育质量评估、教学水平评价的重要依据。从总体上看，影

响课程发展的外部因素包含社会发展、知识水平、个体情况、学生的需要；影响课程发展的内部因素包含两个方面——课程论的观点和课程的历史传统。由此可见，影响体育课程的因素具有综合性、系统性的特点，如果我们仅仅从一个角度对体育课程进行评价、对体育教材进行选择是不可取的。随着素质教育的实施以及健康教育的开展，教师的视野得以拓展，教师对上述问题有了更加深刻的认识和广泛的理解。作为教师，应该明确对教材的选择应该有一个合理的排序与组合，也就是在选择教材的时候应该遵循纵向组织原则和横向组织原则。对于任何一本教材来说，都应该作为课程的重要组成，且应符合教学体系的要求。

教材的选择具有多样性，这一多样性既源于学生的生理和心理需求的不同，也源于体育锻炼自身具备的多样性特点，没有所谓“唯一”和“最好”。判断教材好坏的一个重要标准是学校体育教学的目的，而且体育健康教育内容的科学性、灵活性和多样性，给了体育教师在选用教材时更多的自主权、更大的余地。因此，在选择体育教材时，教师要充分考虑各种相关因素，尽可能地选用最有价值的教材。教材应该是多元化、开放性的，要对重点进行突出，在选取教材内容的时候，应该保证内容有利于引导学生进行独立的思考与探究，培养他们的创造力和安全意识，帮助学生掌握安全的运动方法。在各个层次和水平阶段上，教师要做好纵向的衔接，以及与其他学科之间的横向联系，防止重复教学。一般来说，体育课程与教材的选择应遵循如下原则：

（一）突出健身性

健身性是体育的本质属性，提高学生健康水平是体育教学的重要目标。体育教材的选择要突出健身性，表现在以下几个方面：

1. 要考虑教材的健身价值

不同的教材，产生的练习效果往往不一样；同样的教材，对不同的对象在效果上也会有差异。例如，3000 米跑对于发展心血管系统机能和一般耐力具有较好的效果。在实际运用中，它对大学生锻炼效果较好，但对小学生身体锻炼效果不一定好。原地疾跑能有效地发展小学生的步频，但对大学生发展步频就收效甚微了，这与他们的生理适应性、身体素质发展的敏感期有关。因此，教材的选用要根据特定对象的年龄和身心发展特点来进行。

2. 要考虑教材对心理的影响

教师选用的教材要有利于培养学生顽强的意志、健康的个性和积极向上的精神，使学生的身心素质都能得到良好的发展。

3. 要考虑教材的优化功能

一般情况下，只要合理运用，任何体育教材都有健身的作用。但不同的教材，健身的效果不同，同样的教材，不同的搭配所产生的效果也是不同的。因此，教师要优选出最具健身效果的教材。这里包括两层含义：第一，要注意教材本身的健康价值；第二，要注意教材搭配所产生的最佳效果。

（二）注意文化性

体育是人类所特有的一种社会活动，具有继承性、民族性、时代性、世界性等文化特征。体育不但具有外在的运动行为方式，而且具有内在的价值观念、意识形态和行为规范等，是文化的重要组成部分。注意教材的文化性，也就是要重视体育教材的文化特征，即要重视对优秀传统教材的继承，使之得到发展；要注意对民族传统体育教材的选择，使之能够发扬光大；要注意对世界优秀体育教材的吸收，使教材体系更具有时代气息，更加完整；要重视对教材文化内涵的挖掘，加强对学生情感、意志等非智力因素的培养，使学生形成正确的体育价值观念、良好的体育道德风尚和符合时代要求的体育行为规范，从而促进身心的健康发展。

（三）增强娱乐性

体育教学的主要目标是让学生树立终身体育意识和形成终身体育能力，而学生终身体育意识的树立和终身体育能力的形成与体育教材的娱乐性高度相关。第一，体育教材的娱乐性是引起学生体育兴趣的重要因素，而形成兴趣、积极参与是学生形成终身体育意识和终身体育能力的前提。第二，体育教材的娱乐性有利于学生体验到体育运动的乐趣，领略到体育运动的魅力，从而提高他们参加体育活动的自觉性和积极性。第三，通过参加具有娱乐性的体育活动，学生能产生精神愉悦，有利于缓解紧张情绪，更好地提高学习效果，有助于形成良好的体育态度和养成体育锻炼的习惯。

（四）具有典型性

体育教学的内容非常丰富，不但教材类别多样，而且同类教材的项目众多，教学的内容仅为其中的一小部分，供选择的余地很大。因此，选择的体育教材应具有典型性。

第一，在达成同一教学目标的各类教材中，应选择最有代表性的教材。例如，专门的短跑练习、各种连续跳跃的练习能发展速度，它们都可以作为发展速度的教材。那么用哪种教材最具有代表性呢？这里所提到的速度主要指位移速度，从动作结构来看，采用短跑最为合适，因此在体育教学中发展速度应以短跑为首选。故专门的短跑练习作为发展速度的教材最具代表性。

第二，在达成同一目标的同类教材中，也要选择最具代表性的。以速度训练教材为例，短跑是发展速度的典型教材，而发展速度用得最多的是 30 米跑、50 米跑和 100 米跑等。选哪种教材最合适，应该看它的锻炼效果与教学对象之间是否具有密切的联系，同样的教材对于不同的锻炼对象所产生的效果是不一样的。

第三，选用的教材在同类教材中、在技术结构和身心发展上要具有代表意义，这种教材的学习能为其他同类教材的学习奠定技能素质基础，产生积极的转移作用。

（五）讲究实用性

体育教材是学生学习体育知识的载体，也是提高学生健康水平、培养终身体育意识的载体。体育教学的特点决定了体育教学的目标要通过知识的掌握和身体的活动来实现，因此体育教材的实用性是非常重要的。

第一，体育教材对于激发学生的体育兴趣、掌握体育知识、培养体育能力、形成良好品质、训练体育方法和促进身心发展有积极的促进作用。

第二，选用的教材在教学中要有适宜的教学条件做保障，这样才能达到预期的效果，而且这样的教材具有推广的条件和价值，学生在课余时间既愿意练，又有条件练，有助于他们养成锻炼的习惯，使他们乐于将教材内容作为终身锻炼的依据，为其树立终身体育意识和培养终身体育能力奠定良好的基础。

第三，选用的教材对体育教学目标的实现要具有较高的价值，这种价值是其他教材所不具备的，这就是我们通常所说的最优化。

（六）体现时代性

体育作为一种社会活动，随人类社会发展而演变，体育教学内容势必也要随着时代的进步而产生适应性的变化。比如，以现代奥运会为标志的竞技体育会定期展示一些新的项目。在文明程度不断提高的当今社会，对人的体力要求不断降低，但人的精神紧张度提高，竞争加剧，生活节奏加快，再加上营养过剩等各种因素交织在一起，导致了某些疾病的出现。对防治这些疾病具有针对性的健身运动、健美运动等社会体育活动，以及娱乐性较强的网球、高尔夫球等休闲娱乐体育逐渐流行起来，人们又开始关注身体健康的问题。要促进学生社会化程度的提高，教师就要关注社会体育的发展趋势和动态，并对其中一些内容如健身、健美、网球等进行教材化改造，使它们成为体育教材体系中的一部分，使体育教材体系具有时代特点，与社会发展保持动态的平衡。

（七）保证材料呈现形式科学性

体育与健康课程的教材形式多样、内容丰富。它不仅限于纸质教科书和教师指南，还包括各种视觉辅助工具和多媒体教材。在教师的引导下，学生可以独立使用这些教材进行学习和练习。教材的设计要兼顾美观和实用，使文字和图像结合得恰到好处，内容要与学生的日常生活紧密相关，满足他们的实际需要。这样的教材才能吸引学生的注意力，并激发他们学习体育与健康知识的兴趣。教材应该以问题为起点，给学生留出自主学习的空间，让他们实现学习方法的突破，逐渐地学会学习。各级教材，其内容的表达应该符合学生的心理，对知识的表达应该是严谨的，并且拥有生动的语言，这样才能对学生的阅读和思考起到促进作用，同时还能体现出人文精神。

在内容上，教师用书应该与学生用书是相互补充的关系。教师用书作为课程教材的重要组成，其主要的内容应该涵盖教学目的、教学方法、教学特点、教材评价、需要注意的事项、课堂活动设计等，同时是学生用书的补充和延伸。

二、体育课程与教材的现行内容组成

（一）体育卫生保健知识教学内容

体育卫生保健知识教学内容涉及科学的运动知识，强调运动对个人、社会乃至国家的正面影响。通过此类教育，学生能够深刻理解锻炼身体对个人未来生活和工作的重要性，并有计划、有针对性地增强体质。此外，该部分内容能够帮助学生认识到健康的重要性。通过学习这些知识和方法，学生能够更加自主地营造健康的运动环境、关注自身的健康，并逐步建立起积极和正确的保健观念。

体育卫生保健知识教学内容要求如下：教育内容应与学生的日常生活和学习经历紧密结合；在体育课程中精选与身心健康相关的知识，以科学、实用的方式呈现，使之贴近学生的现实生活。此外，教学内容需要注重实践性，将理论知识与实际运动相结合，确保教育内容既深入又易于操作。

（二）田径教学内容

田径教学内容涉及走、投、跑等基本运动技能。教师在教学过程中，不仅要教会学生这些基本技能，还要让学生理解田径运动对身体锻炼的重要性以及它在个人发展中的价值。学生需要学会实用的基础田径技术，并且能够应用这些技术来提高自己的体能。同时，学生应该了解在进行田径运动时需要注意的安全事项和规则，学习一些田径比赛的裁判知识和组织比赛的基本技能。

田径教学内容要求如下：既要关联人的走、跑、跳、投等基本活动能力与田径运动技术，又要考虑学生学习过程中的心理素质。所以，在对田径教学内容进行分析的时候，不应该仅仅从单一的田径运动项目去进行，而应该从文化、竞技、提高身体素质、增强心理能力等方面进行了解和分析，并在此基础上组织教学。只有这样，才能使学生既掌握田径的一些基本运动技能，又能灵活地将所学运动技能运用于娱乐、健身、竞赛等运动实践中。

（三）球类运动教学内容

我国体育学术界及体育主管部门一般把球类运动分为大球和小球两类。大球是指篮球、足球、排球等运动项目，小球是指羽毛球、乒乓球、网球等运动项目。球类运动深受学生喜爱，主要体现出竞争性、趣味性、比赛结果不确定性等特点。作为体育教师，应依托球类运动教学内容，让学生对球类运动的概貌和球类比赛的共性特征有一个基本的了解，让学生对一到两类球类运动的战术和技术有很好的掌握，让学生拥有可以参与球类比赛的技能、参与裁判和组织比赛的知识。

球类运动教学内容要求如下：球类教学中技术内容较为复杂，战术多变，且相互依存、相互制约。若只进行单个技术的教学，就会失去球类运动竞争性、趣味性的特征，也会影响学生学习的积极性与主动性，从而无法使单项技术得到有效的运用与提高。因此，体育教师要将球类运动的技术教学与教学比赛有机地结合，并注重教学内容的实战性、连贯性、技巧性。

（四）操类运动教学内容

操类活动是指一系列结合了舞蹈、节奏和表现力的身体运动，通常在音乐伴奏下进行。这类活动形式多样，包括广播操、民族舞蹈等。它们不仅为参与者提供了锻炼身体的机会，还是一种艺术表达方式，尤其对女性而言，操类活动能帮助她们展现个性和情感。体育教师在教学中不仅要让学生了解这些活动的基本特点和规律，还要让学生对基本的操类运动技能进行掌握，同时培养学生自编简单动作的能力。此外，在这类教学内容中，教师也要通过相关课程来纠正学生的姿势，并培养他们的韵律感、节奏感，锻炼学生的肢体表达能力。

操类运动教学内容要求如下：既可以锻炼学生的身体素质，又可以培养学生的气质仪态，而且教学内容还与乐理学、美学、舞蹈原理等相关，因此教师组织教学内容应从审美观培养、音乐理论介绍、情感表达能力养成和健身效果达成等方面来考虑。这部分教学内容考虑的动作教学因素多，教师应着重加强指导力度。

（五）民族传统体育教学内容

武术是中国传统文化的瑰宝，是我国传统体育运动项目，可不受时间、地点、天气等自然条件的限制进行自我锻炼或集体锻炼。民族传统体育教学不仅有助于提高学生的身体素质，而且是传承和发展民族文化的重要途径。这种教学方式强调根据当地的实际情况来设计课程，使其更具有针对性和实际意义。通过这样的教学，学生不仅能锻炼身体，还能更深入地了解和学习自己民族的传统体育文化，从而成为文化传承的接班人。体育教师不仅是技能的传授者，更是文化的传播者和学生发展的引导者。他们需要教会学生如何欣赏民族传统体育的独特之处，理解其背后深厚的文化背景。此外，教师还应该注重培养学生的“武德”精神，使学生在掌握武术技能的同时，能够领悟武术背后蕴含的价值观念和民族精神。体育教师选用各地优秀的民族传统体育项目作为教学内容时，应使学生对项目的起源、发展、变化有所了解，并掌握其中一些基础的、实用的运动技能。

民族传统体育教学内容要求如下：体育教师应根据学生身心发展特点选择这部分教学内容，强调教学内容的文化性、范例性、实用性和实效性，特别要注重对这些教学内容的文化背景和意义进行介绍。

（六）任选体育教学内容

任选体育教学内容是为了丰富各级各类学校体育教学内容和适应各地的不同教学条件而设置的。体育教师应通过这一部分教学内容使学生掌握一些与本地文化背景相关的、有地方特色的、地区体育发展需要的体育技能和体育知识。体育教学内容的多样性可以在一定程度上满足学生对体育学习的需要，也能使其体育能力得到全面的拓展。

这部分教学内容要求如下：内容的选用要符合国家体育课程标准和校本课程

开发的基本要求，并注重其有效性、文化性、实用性。这部分内容的教学要有明确的标准和要求，以达到最优化组合和最佳效果。

（七）隐性体育教学内容

隐性课程是学生在学习环境（包括物质环境、社会环境和文化体系）中所学习到的非预期性或非计划性的知识、价值观念、规范和态度。笔者认为，隐性体育教学内容的概念可界定为：在体育教学过程中受教学环境（包括物质环境、社会环境和文化体系）的变化影响，教师教授或学生学到的非预期性或非计划性的知识、价值观念、规范和态度等知识体系的总和。此外，学校的体育场地、器材设施及其安排、体育文化氛围、体育活动中的人际关系及学生和教师的人格特点等都属于隐性体育教学内容，这些内容都在潜移默化地影响着学生的体育行为、态度、体育价值观念。对学生体育学习的影响方面，隐性体育教学内容有可能是积极的，也可能是消极的；对教师的影响既可能表现为主动效应，也可能呈现为被动效应。所以，体育教师不能忽视体育教学过程中隐性体育教学内容的调控与安排。

隐性体育教学内容要求如下：在体育教学过程中，隐性体育教学内容是潜藏的教育性因素。教育教学是有目的的社会实践过程，隐性教学内容作用于学生的无意识心理活动，但对教育者来说，是在有意识的教育教学过程中实施的，也是有目的的教育教学过程中的影响因素。这并不意味着对教育教学过程中的任何一个要素、任何一个细节的教育影响都能事先预判到，它是那些体育教学过程中难以预知的且伴随在体育教学过程中的因素。因此，体育教师在教学中对该部分的呈现形式、运用情况需要结合实际情况灵活地、创造性地予以开发与利用。

三、体育教材化

（一）体育教材化的概念

具体来讲，体育教材化的概念有如下几个层次：一是对体育素材进行加工，将其转化为教学内容的过程；二是体育教材化主要是一个加工的过程，这个加工过程的最终成果就是体育教学内容；三是体育教材化这个过程主要通过实现体育教学目标、立足学生发展需要、积极创造良好的教学条件这三个方面的内容来完成。教材主要包含选择、加工与编排教学内容，以及教学内容的物质化等。

（二）体育教材化的意义

体育教材化的意义在于：第一，能够从体育教科书中挑选出适合体育教学目的和学生发展需求的内容，从而实现内容的精简和在选择上的针对性、目的性；第二，通过加工，体育教材化可以让素材与教学的需要更加契合，将体育素材与教学内容之间的差异性消除；第三，体育教材化可以借助编排、配伍的工作，对众多杂乱无章的体育教学内容进行选择，使其更具整体性和系统性，可以将教学内容所具备的教育作用更好地发挥；第四，体育教材化在物质化的工作之后，可以让加工之后依旧抽象的体育教学内容与教学情景相吻合，方便学生进行理解，从而让体育内容变成一种生动的体育教学载体。

（三）体育教材化的两个基本层次

1. 编制体育课程标准和编写教科书的工作

编制体育课程标准和编写教科书的工作，通常是由全国各地的教育主管部门或者国家组织专业人员进行，其任务是从各类身体活动的练习中选取素材，分类、排列、加工教材。在这一层面上，国外学者把这一研究称作“大规模教材研究”。

2. 根据课程标准和教科书把教材变成学生的“学习内容”的工作

根据课程标准和教科书把教材变成学生的“学习内容”的工作，通常是由学校的体育教研组或体育教师来完成，主要是根据体育课程标准的要求和教科书的规定，立足于学生的具体情况，从本校的实际教学条件出发，把面向一般学生和一般教学条件的教材修订成适应本班以及本校实际情况的教材。

四、体育教科书

（一）体育课本

1. 体育课本的概念

体育课本是专门为学生学习体育而编制的体育教材。1983 年，广东省出版了我国第一套明确面向学生群体设计的体育课本。随后，在“一纲多本”政策的推动下，体育课本在全国范围内得到推广，并且由中小学校扩展到职业技术学院和大学。体育教科书的产生与流行，极大地促进了体育教学改革和体育教材的研究与建设工作。

2. 体育课本的用途

第一，体育课本是技能讲解的重要媒介。对于一些非常复杂的运动技术和战术，需要借助文字和图画来进行表达，仅仅依靠教师的口头讲述很难让学生有直观和深刻的认识，必须利用其他形式来进行辅助教学。

第二，体育课本是学生课后复习的材料。尽管体育课能够传授一些基础的体育知识和技能，但要想真正掌握如武术、有氧体操等较为复杂的技能，学生需要在课后进行大量的练习和实践。这种技能的提升需要学生不断努力和重复练习。同时，对于体育运动中的场地布局、规则理解以及裁判法等知识，学生也需要在课后通过实际应用来加深理解和记忆。因此，体育课本成为学生课后复习时非常重要的参考资料和笔记工具。

第三，体育课本是完成和布置课后体育作业的辅导书。现如今，人们越来越重视课中以及课后的体育作业，为了增强学生的体质，提高学生锻炼身体的能力，需要为学生布置一些具有高度自主性的实践性作业。为了让学生在课后增加运动训练，这不失为一种行之有效的方式。为了对作业的要求进行规范，利用体育课本来布置作业并辅导学生完成作业也是它本身应该具有的用途。

第四，体育课本是学生的体育课外读本。体育课本还应具备“读本”的属性，即将从课外书籍、各类媒介中不易系统获取的体育知识、原理等纳入教材，可以使学生手中有一本愿意阅读的“体育读本”，促进学生将知识与技能实践相结合。

3. 体育课本的用法

第一，体育课本可以在课中辅助教学，也可以在课后指导复习。课中辅助教学主要指的是在某种程度上，体育课本应该参与到体育课堂的教学之中，具体包含以下几种情况：当学生在体育课中研究一些有难度的动作时，可以借助体育课本进行分析与思考，比如在分析运动技术结构的时候；在体育课中，学生对一些有深度的理论问题进行深入研究与讨论时，体育课本可以对他们的分析方法进行指导，并举出实例，例如讨论一些战术理论；体育课本可以在学生进行小组学习以及独立研究学习的时候提供参考；如果教师希望将较丰富和广泛的学习内容融入体育课程，或者对课程内容进行有选择性的教学，那么，可以利用体育课本来为学生提供可供选择的内容；在体育课上，如果教师让学生进行自我评价和互评，学生可以借助体育课本来明确评价的方法和评价的标准。何为课后指导复习？主要指的是在课后进行复习的时候，学生可以借助课本对有难度的技术动作进行复习，并且课本可以为学生提供素质练习的方法。鉴于此，在体育课本中，应该加入一些具有课外练习的作业模块，比如练习量、练习方法、练习注意事项等，从而构成一种与“家庭作业”相似的“课后体育练习”，例如“课外体育小组活动”“家庭运动处方”等。

第二，课中辅助教学，课后做出评价。可以在体育课本中增加一些评价表，这样在学习一段时间后，学生能对自身的体育学习情况进行自我评价。这种方式能够帮助学生对自己的学习态度有清晰的认知，对自身的学习行为、学习效果等进行评价，有利于学生进行内省式总结。

（二）体育教学指导用书

1. 体育教学指导用书的概念

体育教学指导用书是一种针对教师教学活动进行编制的体育教材，具有将课程标准要求与体育教学实际联系起来的特性，是体育教师根据课程标准进行教学的直接依据，也是保障课程标准得到全面贯彻及促进体育教学过程和方法科学化的重要条件。从某种意义上来说，一个国家的体育教学指导用书代表了这个国家的体育课程及教学理论和实践的水平、特征。

2. 体育教学指导用书的用途

（1）体育教学指导用书可以指出体育教师在体育教学上的教学方法

在强调“以人为本”的体育教学中，强调学生的主体作用，但也应该加强教师在其中的作用。体育教学指导用书重点在于让教师明白如何以教为主，并针对教学内容提出不同的教法建议和评价建议，供教师参考或选用，为教师指明教学的方向。即教师拿到体育教学指导用书后，就知道怎样组织学生活动，怎样才能让学生对它产生兴趣，怎样才能获得真正的锻炼效果，怎样才能让学生的身心得到健康发展，真正发挥出体育教学的作用。

（2）为体育教师解决实际教学问题提供可参考的辅助性工具

体育教学指导用书作为工具，可以为体育教师解决实际教学问题提供帮助。比如，根据课程标准选编的教材名称、动作方法、教学重点、教学提示、教法建议、评价要点，以及根据国家课程标准编订的学年、学期教学计划，怎样编写单元计划及教案的设计方法等若干具体示例，都为教师解决实际教学问题提供了可参考的工具，教师要结合本地区、本校的实际情况进行使用。

（三）音像教材

1. 音像教材的概念

音像教材是运用现代科技，根据课程标准、教学方法要求，所制作的承载教学信息的电子教材，具体有幻灯片、录音磁带、录像磁带、音像磁盘、投影片、电影片等。音像教材在20世纪初期进入教学领域。音像教材不仅可以为学生提供听觉信息，还能提供视觉信息，甚至视听觉信息一同提供；音像教材可以将事物变化发展的过程，通过活动的图像系统、生动、形象地呈现出来，对对象的时间要素进行调节，呈现出缓慢的变化或高速的动作；能够放大或缩小物体；舍弃了无关紧要的要素，突出了事物的本质特性，并表现出速效性、同步性和广泛性的特点。正是因为上述的种种特征，音像教材具备了两方面的功能：一是不受时间、空间的限制，可以将教学内容中所涉及的事物、过程、情景再现给学生。二是给学生以替代性的经验，把抽象的东西半具体化，把具体的东西半抽象化，这样，教学和学习就相对容易了。在体育教学中运用音像教材一方面可以提高教学的质量，实现教学效率的提升，另一方面还能有效扩大教学规模。

2. 体育音像教材的应用模式

教育教学中若需要使用音像教材，那么就应该准备相应的设备，也就是可以储存和传递信息的教学机器。这些机器包含录音机、投影仪、幻灯机、录像机、电影机、电子计算机等。在教学领域，音像教材有很多种应用模式，可归纳为以下三大类：

（1）辅助模式

教师可以通过音像教材将信息传递给学生，与学生进行互动与交流，一般可以广泛应用于体育课程教学中。

（2）直接模式

在没有教师作为媒介的情况下，学生可以直接学习音像教材，并获得反馈，典型的是电子计算机辅助教学。

（3）循环模式

学生在学习音像教材之后，主要是通过教师来进行反馈，这种模式常常用于自学辅导和远距离教学，实现了电视授课、广播授课、函授与面授的结合。

3. 体育音像教材的用法

教师在体育教学课堂中，使用音像教材的方法有三种：演播法、插播法和自主法。

（1）演播法

教师主要借助音像教材传达教学信息，具体步骤如下：一是提示，教师在演播前需要让学生知道片带名称、内容和视听目的，并向学生提出视听时所要思考的问题；二是播放，在这个过程中，教师可以向学生进行一定的解说；三是讨论，在播放之后进行有重点的提问或者讨论；四是小结，教师进行总结或者学生进行总结；五是教师针对视听内容布置适当的作业。

（2）插播法

在讲授中，教师可以穿插播放音像资料，可按“讲解—播放—讲解—播放—小结”的步骤进行。

（3）自主法

把有关的音像教材和设备准备好，放置在体育课堂上，学生根据自己的学习情况自主播放有关内容，并进行观察和分析。

第四节　高校体育教学内容的优化

一、体育教学内容资源的挖掘与开发

（一）体育教学内容资源的挖掘

体育教学内容的挖掘主要是在整个体育教学内容体系内开展。教学内容的挖掘主要从传统和创新两个方面进行，具体分析如下：

1. 引入传统体育运动项目内容

我国丰富的民族传统体育文化，为体育教学内容资源挖掘提供了巨大的素材库。高校体育教学工作者应注意对我国民族传统体育项目进行教学可行性研究，并引入适合本校开展的民族传统体育项目。

事实证明，在高校体育教学中，纳入民族传统体育项目对丰富当前的高校体育教学内容体系具有重要的教育意义。

第一，有助于丰富体育教学内容体系，为学校体育课程内容的开展提供更多的教学选择。

第二，有助于丰富校园体育文化内容体系，利用传统体育所特有的民族特点、民族精神等影响学生。

第三，有助于丰富学生的体育知识与技能，使学生深刻理解民族传统体育文化，增强学生的民族自豪感和自信心。

第四，有助于我国民族传统体育文化的教育传承。大学生思维活跃，学习能

力强，个性鲜明，有思想，有追求，高校民族传统体育课程可以通过大学生群体，将优秀的民族文化普及、传承下去，从而起到传播和弘扬民族传统体育文化的作用。这不仅有利于培养民族传统体育文化人才，还可以进一步促进民族传统体育文化的振兴与发展。

2. 引进新兴体育运动项目内容

随着体育运动的广泛发展和愈发受到重视，从事体育运动的人越来越多，有很多小众的体育运动项目被广泛传播和普及，也有新的体育运动项目被发明和创造出来。

为了持续给高校体育增加活力，高校体育教学工作者应该不断地引进新的运动项目，考虑把当前社会上流行的、学生喜欢的体育运动项目引进来，如街舞、瑜伽、拓展训练等。这些新兴体育运动项目的引进可以为高校体育教学内容注入新鲜血液，促进高校体育教学内容不断丰富，有助于激发大学生的体育学习兴趣与参与热情。

（二）体育教学内容资源的开发

1. 传统课程内容优中选优

在高校体育教学过程中，有很多传统体育教学课程和教学内容已经开展了很长一段时间，这些内容能切实促进学生的身心健康发展，因此应予以保留。

针对传统课程教学内容，体育教师可以从中选出更合适的知识、技能开展体育教学。同时，为了更好地调动师生参与教学活动的积极性，高校应鼓励教师创新教学模式、教学方法、教学组织形式，并给予教师最大程度的体育教学内容选择的自由，让教师能结合自己的特点选择教学内容，提升教学质量。

2. 基于上级课程文本的拓展

上级课程文本指的是由国家教育部门制定的教学大纲，它设计了体育课程和教学内容，目的是在基础教育之后，进一步提升学生的体育素质，确保每个学生都能接受共同的体育教育，为其未来成为合格公民筑牢根基。上级课程文本具有导向性和政策性。

前面已经详细解释了我国体育教学内容的结构层次，在高校体育教学内容的确定方面，上级课程文本对地方和高校具体教学内容的选用具有重要的影响和指导作用。体育教师可在上级课程文本的教学内容框架内，适当进行教学内容的选择、拓展和修改。具体的教学内容拓展方法如下：

（1）参考上级课程文本丰富教学内容

上级课程文本对于下级课程文本来说，是具有引导性和指导性的文件，可以为下级课程教学提供范围、方向、建议与参考，地方、学校、体育教师可以结合具体的教学情况对教学内容进行精心选择、优化、补充，也可以摒弃一些体育运动项目教学，灵活地调整整个体育教学体系的内容，使体育教学内容既符合上级课程文本要求，又契合本地、本校实际。

（2）基于上级课程文本规定对教学内容进行恰当修改

从课程内容结构上看，我国体育教学课程文本对教学内容的规定是宏观的，这赋予了地方和学校充分的选择自由。上级课程文本关于教学内容的选用标准描述并没有严格规定，具有修改空间。

具体来说，高校体育教育工作者尤其是一线教师在选用体育教学内容时，可对上级课程文本规定的教学内容进行适当修改，充分贯彻上级课程文本的指导思想，做到在整体思想、内容等方面与上级课程文本保持一致，但是在具体的细节安排上可突出本地特色，增加相应的教学内容；在选择教材、确定体育教学内容时，教师要充分参考上级课程文本，并结合本校的实际情况选择和补充特色教学内容，使体育教学内容整体符合上级课程文本的要求，同时又能满足本校教学条件的要求。

（3）改造传统体育教学内容

随着社会的不断发展，体育教学为社会培养的人才应符合社会发展的需要，因此体育教学内容必须结合社会和时代发展背景，注重更新换代、与时俱进，对传统体育教学中不符合时代特点、学校情况和学生实际的内容，要进行适当的调整。

体育教学内容的选择需要考虑环境条件的变化。基于这些变化，体育教师在某所学校进行教学时，应对教学内容进行合理取舍、改造、加工、处理，从中提取一些要素，改变一些要素，增加一些要素或舍弃一些要素。

（4）社会新兴运动的教学尝试

当今社会，人们的社会生活和体育健康追求发生了很大变化，体育运动项目更加丰富多彩，学生群体的体育爱好与以往相比也发生了很大变化，体育教学内容应充分考虑学生的喜好和发展需求。

当然，社会新的运动项目的教学引进不能一味地“崇洋”，不能过分追求国外流行的体育运动项目，也应关注我国传统民族体育项目的发展。我国各个民族都有自己的特色体育项目。这些民族项目既各具特色，又有丰富的体育教育价值，对于不熟悉和没有接触过此类运动项目的当代大学生来说，它们可以作为新的体育学习内容。

需要注意的是，体育教学不能单纯为了求新而求新，应充分考量其合理性与可操作性，确保教学内容切实可行且符合教育目标。

二、高校体育教学内容的优化策略

（一）面向广大学生，更新思想观念

1. 技术教学方面

在大学体育中，体育教学的任务和目的之一在于掌握一定的运动技术，这也是实施“终身体育”所必需的。但是，我们应该明白，任何一种竞技运动都是在多年实践基础上总结经验形成的，是最为合理和科学的，就当前来说，也是最为优先的，无可争辩。

在教育教学的过程中，体育教师应该掌握好“尺度”，“走场式”的技巧学习会使学员“一无所长”“四不像”。时间一长，学生就会产生一种厌学的心理。笔者一贯主张，在给普通学生传授知识、技能的过程中，可以采取“概括教学”，之后再进行“深入教学”，以达到不断提高水平的目的。

2. 考核方面

因为这些课程都是源于竞技体育项目，所以考试的要求大同小异。比如，在跳远比赛中，只要有三次犯规，就会被判 0 分。而有些国际知名的运动员，即便经历了数年的训练，在赛场上犯规的情况也屡见不鲜，更别说那些只在短期内学习体育项目就进行考核的学生了。检验教学效果的一种手段就是进行考核，但是考核并非教学的最终目的，在实践中，很多项目的学习都会随着考核的结束而终止。

（二）创新教学内容体系

1. 重视体育和健康教育相结合

在深化体育改革、全面推进素质教育的大背景下，“健康第一”是明确了学校体育卫生工作在素质教育中的重要性，并确立了其独立的功能后提出的指导思想。何为发展素质教育，即对学生的科学文化素质、思想品德素质、身体心理素质进行提高，这三者之间的关系是相辅相成、相互影响、相互联系的。在这三个素质中，处于基础地位的是身体心理素质，这也是硬件条件，对于一个人来说，

没有健康的身体，情操、道德、理想等便失去了依托。要提高大学生的素质，就需要增强体质，让大学生拥有健康的身体，因此，需要将提高学生的身体心理素质作为首要任务。在体育课程的教学中，教师不仅需要向学生传授与体育运动相关的知识和技能，还需要让学生知道身心健康对于社会进步和个人生活质量有极其重要的意义。开展各种各样的体育活动，可以提高学生对体育的兴趣和参与度，锻炼他们的意志力，培养他们积极向上、乐观开朗的态度，并且教育他们理解和接受公平竞争的观念。

在体育教育中，教师与学生之间的互动非常关键，它能够引发一系列积极、健康的情感体验，如相互理解、相互尊重、包容、责任感和协作精神。这些情感体验不仅有助于提高学生的自尊心、自信心和自主能力，还能通过参与体育活动，让学生意识到运动的好处，进而培养出长期的、健康的生活习惯。大学体育教育应该以促进学生的全面发展为目标，深入实践“以学生为中心”的教育理念，注重人文关怀、知识的广泛性以及终身学习，从而促进学生的身心健康和全面发展。

2. 高校体育教学模式改革

为了满足市场经济与社会发展对高校体育人才的要求，必须使高校体育人才具备扎实的基础、知识与能力，这就需要对高校体育教学模式进行变革。高校的体育教育不仅仅是教授学生运动技能，更重要的是帮助学生认识到自我成长的重要性。通过体育教育，学生可以从被动接受知识的角色转变为主动学习的课堂主体。高校需要重视培养学生的自我认识能力以及自我教育的意识，让每个学生都明白自己在体育学习中的重要性。为了丰富体育教学内容，高校应开展多样化的课外运动项目，比如羽毛球、网球和乒乓球等。通过体育锻炼，学生可以学会如何管理自己的健康，从而在每一次锻炼中都成为自我发展的引导者，实现自我提升和成长。

3. 竞技运动的“教材化”和健身运动项目的开发

选择体育教材时，应该考虑内容的多样性和丰富性。学生在成长过程中需要不同类型的身体活动来促进身心的全面发展。在大学的体育课程中，应该将各种体育项目融入教材，以此帮助学生保持良好的心理状态，满足他们多方面的心理需求。在高校的体育课程中，竞技类项目是主要内容，但这些项目并不是直接以专业竞技的形式来教授的。这些项目经过了精心设计与调整，以契合教学环境和学生的实际需求。在高校体育教学中，竞技运动转变为适合健身的方式，融入教材可以传授学生运动技巧。这样的转变使得竞技项目更加贴近学生的生活，展现出丰富性与多样性。健身运动项目并不排斥竞技项目，因此，在健身运动项目体系内会保留一些学生感兴趣的、负荷适度的、可持续进行的竞技项目。为此，在大学体育教学中，要把握好竞技运动与增强体质的关系，突出竞技运动的可选性与参与性。

4. 增加有助于培养学生体育能力的教学内容

从个人成长的普遍规律来看，通常要经历两个时期，即“求学期”与“创造期”，而大学是人从学习到创造的过渡期与转折期。教师应该努力实施创新教育，以点燃学生对体育运动的热情，并帮助他们树立终身参与体育活动的理念。教学内容应多样化，以满足学生的心理和生理成长需求。教师还应根据不同年龄段和性别的学生的特点，提供个性化的教学内容。此外，为了确保体育教育的完整性和系统性，需要对小学、中学和大学体育课程内容之间的连贯性和衔接性进行深入的探讨和研究。

第三章　高校体育教学模式的探索与应用

本章内容为高校体育教学模式的探索与应用，依次是高校体育教学模式概述、游戏教学模式在高校体育教学中的应用、俱乐部体育教学模式在高校体育教学中的应用、程序教学模式在高校体育教学中的应用。

第一节　高校体育教学模式概述

一、体育教学模式的概念界定

所谓教学模式，就是根据一定的原则设计出来的，具备相应的结构与作用的教学活动模型。教学模式综合考虑了一套由理论构想向应用技术转化的策略与方法，它是教学活动设计、组织与规范的方法论体系。当前的教学模式吸取了前人的成果，并在此基础上做了创新。

“教学模式”一词最早是由美国学者乔伊斯和韦尔等人提出的。可以将教学模式看作试图系统地探讨教育目的、教学策略、课程设计和教材，以及社会和心理理论之间的相互影响，以设法考察一系列可以使教师行为模式化的各种可供选择的范型。总体来说，目前国内大体存在着结构论、过程论、策略论和方法论等理论，其相同点是都指出了教学模式具有稳定性的特点，不同之处在于侧重点不同。结构论将教学模式看成教学策略的一种，是某种“方法”。要揭示教学模式的本质，须从其上位概念“模式”谈起。模式这一概念涵盖了人类两个层面的行为，即稳定的认知和稳定的操作，其中前者形成了认知模式，而后者形成了方法模式。认知模式与方法模式是教学模式的两个基本内涵。这说明教学模式是教学形式和手段的统一。其中，“过程结构”是“骨骼”，“教学方法体系”是“肌肉组织”。

体育教学模式就是包含着具体体育教学思想并在具体教学环境中实现具体目

标的一种行之有效的教学活动的结构框架。教学模式是从教学经验中总结出来并系统整理而成的，教学实践为教学模式提供了依据，但教学模式并不只是现有单个教学经验的一种简单展示。同时，教学模式作为理论和实践之间的一座桥梁，不仅可以用于指导教学实践，而且可以支持新教学理论的诞生与发展，它在二者之间起到了中介作用。体育教学必须遵循认知规律、身体锻炼规律、技能形成规律和竞赛规律，也必须反映出这些方面的特征。

二、高校现代体育教学模式的特征

综合国内相关研究成果，高校现代体育教学模式具有以下特征：

（一）全面性

高校体育教学模式是一套旨在提高学生体育素质与运动技能的教学方法体系。这个模式强调构建系统、完整的教学框架，它要求在实施教学的过程中严格遵守教学原则。只有当理论知识足够完善时，才能有效地指导实际的教学活动。通过理论和实践相结合的方式，最终能够形成一套既全面又系统的体育教学模式。同时，在教学观、教学方法、教学手段等方面做出一些改革，能更加顺利地完成教学目标。

（二）稳定性

体育教学模式建立在深厚的教育理论基础之上，并且经过了大量的实际教学验证，形成了一个稳定且成熟的系统。这个模式不仅对实际教学活动进行了深入的理论总结，还揭示了教学过程中的普遍规律。它不是固定不变的，而是一个可以适应不同情况的灵活框架，为教师提供了一个清晰的教学操作指南。通过不断尝试新的教学方法，这个模式进一步程序化，使教学变得更加具体和可操作，从而更有效地指导教师进行教学活动。

（三）多元性

现代体育教学模式需要同时满足实用性和普遍适用性的要求，以适应现代教育的先进理念和思想。这意味着体育课程的设计和实施要考虑不同学生的多样性需求，比如学生在性别和年龄上的差异。因此，体育教学不能采用单一的模式，而应该根据学生的不同特点来调整教学内容和方法。此外，评估体育教学效果的方式也应该多样化和综合化，不应局限于单一的成绩评定，还要包括对学生学习过程的评估、最终成果的评价、学生个人的自我评价以及团队合作能力的评价等多个方面，以形成一个互补的评价体系。在这个过程中，需要找到统一标准和灵活性之间的平衡点，从而打造既有创意又能够适应不同学生需求的多元化体育课堂。

（四）针对性

现代体育教育不存在固定不变、放之四海而皆准的完美模式。各种不同的体育教学模式都有其自身的优势和适用范围。在高等教育中，体育教学的多样化发展体现在教学目标、教学内容以及评价方法等多个方面，展现了教学方法的多样性。高校在选择体育教学模式时，应该考虑自己的教育理念、所在地区的特色以及学校的实际情况。只有这样，才能确保所采用的教学模式更具有针对性，而不是盲目追求所谓的“一劳永逸”的万能模式，因为这样的模式是不现实的。在体育教学中，需要根据特定的目标来设计和实施教学策略，并且这些策略应当有相应的评估标准来衡量其效果。教师需要开发激发学生内在的运动兴趣和动机的教学模式，将学生从被动地接受体育锻炼转变为主动地寻求锻炼。未来的高校体育教学将会采取创新的理念来构建新的教学模式。这种模式将在理论上对体育教学有更深入的探讨，也将在实际操作中不断地发展和更新。受到国际化教学理念的影响，高校会积极学习国外的优秀教学方法，并且不断地改进现有的教学方式。通过这些努力，体育教育将会变得更加充满活力。

三、高校体育教学模式的结构和功能

（一）体育教学模式的结构

体育教学是可控制的开放系统，由教学思想、师生、教材、课程、教学方法、场地器材与结构程序等多种因素构成。体育教学模式研究，是体育教学活动诸要素结合的总体设计。系统科学中的整体优化原理指出：任何一个系统都必须经过要素与结构上的优化才能使整体功能达到最优。依据系统科学的基本原理，结合体育教学模式概念的特点，笔者认为体育教学模式是由教学思想、教学目标和教学活动程序三大基本要素构成的。如果想尝试建立一种“发现学习教学模式”，那么启发学生去发现问题，培养其认知能力是这一教学模式的基本指导理念。这一理念对此种教学模式的性质、研究方法及效果评价等有着重要的指导作用。先依据指导思想确定教学目标，进而建立起“能够指导学生发现、解决问题”的教学程序，也就是“设置问题—提出假设—验证学习—集体讨论—获取答案”的教学程序。这一过程不仅表现在单元结构上，而且表现在课程结构上，构成了“发现学习教学模式”的一个基本轮廓。在以上三个基本要素同时具备的情况下，该教学模式便基本成型。

（二）体育教学模式的功能

将模式引入教学论架起了教学理论与教学实践之间的桥梁，因此教学模式就其功能来讲，具有实践和理论两个方面的功能。

第一，推进体育教学理论运用到教学实践中。人们根据多年的体育教学实践经验，总结出了许多体育教学理论。伴随着教育与体育科学的发展，体育教学理论不断更新进步，甚至很多相关学科理论都渗透到了体育教学理论领域。但是，在诸多理论相互交叉融合的同时，不可避免地存在着矛盾和难以统一之处。利用体育教学模式，可以将理论高效地转化为教学实践，并且加以具体应用。比如在“合作学习”模式下，对某些学习困难的学生运用有效的引导方式，可以很好地解决学科结合问题。

第二，使体育教学经验升华为教学理论。教学法通过在实践中的应用，可以升华为相应的教学模式，而后进一步进行教学实践验证。通过一系列反复的验证，教学模式便可以大范围推广。

第二节　游戏教学模式在高校体育教学中的应用

一、游戏教学模式在高校体育教学中应用的理论基础

体育游戏既是一种载体，也是一种教学方法和手段。它与技术教学有机结合，创造出一种愉悦的氛围，让学生在其中学习和拓展知识技能，可以激发他们的自主性和创造性，从而实现预期的教学目标。

（一）游戏及体育游戏的内涵

游戏的历史可以追溯到人类社会的早期阶段。最初，游戏是为了满足生产和娱乐的需求而产生的，它们遵循一定的规则，为人们提供乐趣。随着社会的发展，游戏不仅具有娱乐功能，还被赋予了教育的功能，成为传授知识和技能给年轻一代的工具。游戏反映了它们被创造时的社会状况和生活背景，成为文化传承的一个重要方面。

游戏与人类社会生活紧密相连，早期社会通过游戏教育帮助年轻人更快地适应社会。随着生活条件的改善，游戏种类变得更多样化。体育游戏作为游戏的一个重要分支，丰富了游戏的内容，以多种形式展现了游戏独特的魅力。在现代社会中，各种流行的游戏活动经过不断的规范化和演化，已经发展出许多不同的体育项目。这些体育项目与“游戏”和“体育游戏”之间存在着复杂且紧密的联系。许多来自不同领域的专家和学者，从他们各自的专业视角出发，对“体育游戏”这一概念进行了深入的研究和解释，从而为这个概念增加了更加丰富的含义。本书将其界定为：体育游戏是一种有组织、有意识、富有创造性和主动性的活动，其目的和规则是特定的。

（二）体育游戏的主要特征

体育游戏是一种重要的游戏类型，不仅包含了游戏普遍具有的特点，比如互动性和趣味性，还特别强调了体育运动的特殊吸引力。这类游戏以人类的身体活动为基础，在游戏娱乐中使人的德、智、体获得全面发展。以下是其主要特征：

1. 娱乐性

所有游戏的生命在于其娱乐性，而体育游戏亦不例外。通过合理地运用体育游戏于体育教学中，可以为体育课注入生机，使其焕发出无限的活力。在体育课堂中，体育游戏的娱乐性激发了教师和学生内心深处的原始娱乐欲望，使他们表现得更加兴奋和活跃，从而使学习变得更为积极。

2. 普及性

体育游戏包含了丰富的内容和多样的形式。由于体育游戏具有灵活性，因此它能够满足不同年龄、兴趣和身体能力的人群的需求。在实际的教学过程中，教师可以考虑学生的不同特点，如年龄阶段、学习能力、兴趣爱好等，以及教学内容的多样性，来选择或创造适合学生的游戏。通过这种方式，体育游戏不仅能帮助学生锻炼身体和提供娱乐，还能在教育中达到多种教学目标，如增进团队合作、提高运动技能、促进身体健康等。

3. 规则性

体育游戏的规则性指的是既可以从原始游戏中传承，又可以在实际创编中进行创新，其目的在于确保体育游戏能够持续地满足各种不同的需求。游戏教学需要依据一系列既灵活又严格的规则，以确保教学过程的有序进行，并有效地实现教学的目标。

4. 竞争性

体育游戏的魅力在于它能够同时提供娱乐性和规则性。娱乐性像是一种天生的吸引力，能够点燃人们内心的快乐，让人们感到高兴和享受。而规则性则像是游戏的骨架，确保游戏能够顺利地进行下去，避免出现混乱。但是，真正让体育游戏引人入胜、点燃人们热情的，是其中的竞争性。在体育游戏中，参与者的竞争是显而易见的，它激发了人们积极参与的动力，帮助人们挖掘出自己潜在的能力。

在现实生活中，体育游戏通常是以比赛的形式出现，这些比赛可以是个人参加的，也可以是团队合作进行的。比赛的结果往往取决于完成任务的数量、技巧和速度。这个过程不仅展示了体育竞技的激烈竞争，也反映了人们在体力、智力和团队合作能力上的较量。当人们赢得比赛时，他们通常会感到内心的满足感，很高兴有机会展现自己的才能。对体育教学来说，通过比赛这种形式培养能力是非常重要的，因为它们不仅可以帮助学生更好地理解体育运动的精神，还能帮助他们更好地完成体育学习的任务。

5. 目的性

人们参与体育活动往往出于多种原因。这些活动不仅能让我们感到身体和心理上的快乐，还能帮助我们提高与他人合作的能力。总而言之，目的是激发大家的兴奋性，使技术学习过程更具生动性和趣味性。

（三）游戏教学模式与高校体育教学

游戏教学模式是以教学大纲为指导，将具有生动性和趣味性的游戏融入教学内容中的一种教学方式。在高校的体育教学中，教师运用多样化的游戏形式，可以培养学生的多方面能力。

1. 游戏教学模式与高校体育教学特点的内在联系

游戏本身具有的娱乐性、竞争性和普及性等特性的充分发挥，是游戏教学模式有效辅助实现体育教学目标的关键。不同高校基于自身的教育理念与目标，设置了不同的教学内容和方法。现代大学生越来越注重发展个人特点和全面提升自己的能力，体育课程正好为他们提供了机会去锻炼自己的社会适应能力和竞争意识。但是，体育课程通常伴随着一定的身体运动强度和压力，导致学生对于体育课的兴趣和热情不容易被充分调动起来。而游戏教学模式因其生动有趣，学生可以更轻松地融入体育教学，这不仅满足了他们内心深处的情感需求，更是在潜移默化中锤炼了他们的运动技艺。这样的体验让他们领略到体育的无穷魅力，为日后的终身运动生涯铺设了坚实的基石。

2. 体育游戏在体育教学中的作用

从体育游戏的特点来看，游戏在体育教学中扮演着关键的角色，能够激发学生的体育学习热情，培养学生团结协作、遵守规则的精神；其还能使学生的体育技能水平得到锻炼和提高，同时培养其创新思维及勇于拼搏的精神特质。体育游戏具体的作用主要体现在以下方面：

（1）对教学的有效辅助作用

在体育教学中，体育游戏有着辅助教学的功能。在教学实践中，可以将游戏内容穿插在体育教学各个环节。第一，游戏在体育课准备阶段的辅助功能。体育课准备阶段，学生生理和心理普遍处于平静状态，身体关节缺乏灵活性，肌肉僵直，头脑兴奋性低，特别是部分学生对体育学习缺乏兴趣，对体育课更是表现出情绪低落的现象。因此，引用游戏教学模式是非常必要的，体育课初期运用游戏教学模式可以有效帮助学生在娱乐的氛围下达到身体预热的目的，增强学生的参与热情和体育活动兴趣。就像一些心理学家所言：兴趣是最好的教师，而游戏教学模式的合理、有效选择可以让学生对体育学习有一种参与的兴趣，这无异于给学生的体育学习带来了动力。第二，游戏在体育课的基础阶段起辅助作用。一般来说，体育课的部分内容主要是复习旧的技术动作、讲授新的技术动作，教学模式简单，难以提高学生的学习兴奋性。游戏教学模式通过游戏来促进学习，能够帮助学生快速激活大脑，提高注意力，并在游戏的过程中复习已学知识和学习新技能。这种教学方式对于那些在面对技术难题时容易感到害怕或紧张的学生特别有帮助，因为它提供了轻松愉快的学习环境，让学生能够在没有压力的情况下掌握技能。特别是当学生需要学习新的、挑战性较大的技术动作时，设计精良的比赛进行教学，效果会更好。在体育技术训练的课堂上，组织有趣味性的比赛活动，可以帮助学生放松紧张的神经和缓解身体疲劳，让他们以更加轻松的心态继续学习。这种教学方式不仅可以让学生保持对体育课的兴趣，还能提升他们的学习动力，使他们在快乐中不断成长和进步。

（2）强化体育课健身功能

采用游戏教学模式，能够显著激发学生对于体育课程的学习热情和求知欲望。在体育课堂上，学生能够通过参与多样化的体育游戏，全面领略体育学科的魅力，从而培养良好的体育运动习惯。游戏教学模式不受人数的限制，每个学生都可以积极参与，得到充分的锻炼。

（3）赋予体育教学娱乐功能

在教学过程中合理融入游戏元素，能让教学变得充满活力。游戏教学不仅能满足学生在学习之余的心理需求，还能让乏味的课堂变得生动有趣。学生在参与游戏的过程中会感到兴奋和充满活力，这种积极的情绪可以促使他们在学习体育知识和技能时变得更加主动和投入。

（4）拓宽体育课的教育功能

体育活动中存在着许多规律和原则。学生应该积极地学习体育知识，同时严格遵守体育游戏的各种规则。体育游戏的形式多种多样，既可以是个人挑战，也可以是团队合作。比赛的结果不仅仅取决于是否完成了任务，还涉及完成任务的速度和质量。这种全面考虑胜负的方式使得体育游戏更加有趣和富有挑战性，同时具有更好的教育意义，能够帮助学生发掘和提升他们的潜力和活力。第一，在体育游戏中，学生体会到了公平竞争的重要性。在比赛里，谁赢谁输一目了然，每个参与者或团队都渴望胜利，但他们必须遵守比赛的规则，保持公平竞争的态度。第二，在体育游戏中，学生与他人合作的能力增强了。体育游戏多为集体参与，要求每个人都要联合起来，互相配合，最后才能取得比赛的成功。在体育教学中，教师会使用游戏教学法帮助学生掌握技术动作和基本技能。通过设计有趣的游戏，学生可以在玩乐中不知不觉地学习和提高。随着技能的提高，学生在教师的指导下，能够自己创造新的游戏活动，这不仅增加了他们的参与兴趣，还锻炼了他们的创新能力和自主性。

3. 体育游戏在教学中实施的理论研究

体育游戏的规则一般都是提前制定的，其实施成为游戏教学模式最关键的一环。组织和进行体育游戏教学活动的效果，是影响整个体育课程教学成果的关键。进行严谨和科学的体育游戏教学研究，对实际运用游戏教学方法有重要的指导作用。

（1）要把握好体育游戏的质和量

想要把握体育游戏的质与量，关键是明确体育游戏对于体育教学的辅助作用。就体育游戏的质而言，其内容必须与教学目标相贴合，如在课前准备环节，开展体育游戏让身体预热，做好身体和心理上的准备；在新内容的教授中，采用游戏教学模式应注意和体育教学内容的贴合性，使其发挥预期的教育作用。另外，如果在游戏类活动中设置过量的运动，会对实现教学目标产生负面效果。体育课的目的虽然包括增强学生的体能，但更关键的是按照教学计划进行，教授学生正确的运动技巧，并培养他们形成终身锻炼的习惯。这种教育方法就好比种植和培育幼苗，旨在为学生的成长奠定坚实的基础。游戏的质与量要顾及学生身心发育等方面的特征，以避免对体育教学效果产生不良影响。

（2）要注意发挥游戏的特色

体育游戏是一种结合了竞技、娱乐和教育目的的活动。为了确保其竞技性，需要制定公平的游戏规则。同时，为了释放活动的乐趣，应该选择简单易懂且内容丰富的游戏形式，让学生在轻松愉快的氛围中体验竞争，从而激发他们对运动的兴趣。体育游戏的教育价值在于培养团队合作精神、学会公平竞争以及鼓励创新思维。只要保持这些核心特色，体育游戏就能有效地促进体育教学，让学生在快乐中学习、在竞技中成长。

（3）要保证安全第一

塑造全面发展的个体，是体育教育的核心使命。将游戏教学模式融入体育教学，亦须以此为指导原则。体育游戏因其形式和内容的多样性，可以灵活地组织和实施。在体育教学中，安全是最关键的考虑因素。在开始游戏教学之前，必须对学生进行全面的安全教育，使他们意识到遵守规则的重要性，并确保课堂秩序井然有序。此外，必须对使用的器材和游戏场地进行仔细的安全检查，以确保没有安全隐患。在游戏过程中，教师还需要密切关注学生的行为，避免过度兴奋或情绪失控导致的意外伤害或冲突。

（四）游戏教学模式中游戏的选择

游戏教学模式在体育教学中的应用，能够给体育课堂带来新的活力和乐趣。这种模式不仅能激发学生的学习兴趣，还能在多方面提高学生的身体素质和技能，进而提升整体的教学效率。但是，要让游戏教学模式发挥其积极作用，并非简单地随意挑选游戏就可以，而是需要教师在选择游戏时进行仔细考虑和适当安排。比如，在课程开始前，应该选择一些能够帮助学生热身、活动量适中的游戏；在授课过程中，则应该选择内容健康、安全的游戏。如果选择的游戏不适合，可能会对教学效果产生不利影响，因此，在一般情况下，选择游戏时也要遵守一定的原则。

1. 体育游戏的内容应是健康向上的

在教学过程中，教师会创新地挑选或者设计一些游戏化的教学方法，目的是通过有趣的游戏方式来帮助达成教学的目标。这些游戏不仅要能激发课堂的活力，还应该蕴含积极正面的教育意义。如果游戏的内容偏离了正确的教育方向，即使课堂气氛很活跃，也不能有效地体现体育教学中思想教育的核心价值。

2. 体育游戏的选择必须具有趣味性

趣味性是体育游戏的生命力所在，也是体育游戏自身价值的切实表现。缺乏趣味性的游戏在体育教学中非但不能发挥其应有的助学作用，还会使学生产生厌恶情绪。兴趣是学习的良师益友，体育游戏激起了学生对娱乐和体育活动的兴趣，它以轻松愉快的方式，成为一种比较正式但又容易参与的运动形式。这些游戏更注重参与者的体验，规则更加宽松，能让参与者以轻松的心态追求目标和展现自己。在这些游戏中，参与者全神贯注于活动本身，享受着游戏带来的快乐。当游戏的竞技性增强，情节变得更加生动有趣时，游戏的吸引力也会随之增加。这些游戏为原本可能枯燥的体育活动带来了活力和乐趣，极大地提升了学生参与体育锻炼的积极性。

3. 体育游戏要富有教育意义

体育游戏能够有效地提高学生的身体和心理素质，并促进他们运动技能的发展。选择体育课堂游戏时，不应仅仅关注身体健康，还应承担起教育的责任。如果选择的游戏缺乏教育意义，那么体育课程就不够完整。在体育课堂中选择游戏时，应该结合德育、智育和体育，实现全面教育的目标。体育游戏的独特之处在于它能够帮助学生学会沟通合作，并培养他们的发散思维和创新能力，这对于他们适应复杂多变的社会环境至关重要。

4. 体育游戏的选择要简便易行、富有针对性

提升教学效率是体育游戏教学的核心课题。为了达到这个目标，游戏规则需要设计得既简单又实用，并且符合体育教学的具体目标。如果游戏规则过于复杂，教师就会花费太多时间去理解和教授规则，这样会分散教学的焦点，导致宝贵的教学时间被浪费，从而影响教学效果。

5. 体育游戏的选择要具备安全性

在当前的体育教学中，确保学生的安全是至关重要的。实施游戏教学时，教师必须优先考虑学生的安全，选择适合的体育游戏。在游戏进行过程中，如果发生安全问题，不仅会破坏教育的初衷，还可能对学生造成伤害。教育的目标是培养学生成为全面发展的人才。在进行体育游戏时，教师应该全身心地投入，提前对学生进行安全教育。教师还需要精心挑选和使用体育器材，根据学生的身心发展特点来合理安排活动的强度。此外，教师应该控制游戏的节奏，确保在学生兴奋时不会出现意外伤害。

二、游戏教学模式在高校体育教学中应用的实践创新

如今，高校引入游戏教学模式，不仅丰富了游戏教学模式在体育教学中的应用实践，而且为其他体育项目的教学提供了参考和借鉴。这里就以武术教学为例，展开游戏教学模式在高校体育教学中应用的实践研究。

（一）武术游戏教学模式引入高校武术教学的意义与作用

1. 有利于提高学生的认识水平

通过武术游戏进行教学，学生能够更加深刻地理解和吸收他们所学的知识与技能。这种方式不仅能帮助学生对体育和武术有更全面的了解，还增强了他们的参与意识和对武术知识的掌握程度。学生在活动中互相帮助，形成了积极的团队精神，并且开始自我管理和自我提升。这种教学方法让学生在情感上与武术更加紧密相连，从而有效地促进了他们在武术技能上的进步，并为他们未来的武术学习和实践打下了坚实的基础。

2. 有利于学生智力和非智力因素的发展

使用多样化的武术游戏教学方法，可以创造和谐、积极的学习环境，这样的环境有助于学生更加热爱武术，并保持学习武术的动力。将武术的元素融入体育课程中，不仅可以提高学生的情绪，还能促进学生在智力和非智力方面的成长，从而为学生的全面发展增添新的活力。学生在思维活动和身体运动互相协调达到统一配合的条件下，可以较好地发展他们的感觉、知觉、想象、注意力、个性、意志和情感等多种心理品质。学生通过不断地进行武术游戏学习，能发现教学中出现的各种问题，进而培养自我积极性，强化竞争的心态，这对于他们的学习、人生、理想、思想以及人际关系将起到很大的促进作用，同时也能让他们在情感上获得升华，发展智力与非智力因素。

3. 有利于顺利完成学校体育教学计划

武术游戏在高校体育教学中的应用，显著促进了教学计划的完成。学生注意力和兴奋性的差异会影响教学效果。因此，教师在教学中应积极利用武术游戏帮助学生调整心理状态。部分武术教材内容难度较大，学生在学习过程中可能会产生消极情绪。针对这种情况，教师应灵活调整教学策略，创造性地引入武术游戏，以适应学生需求。

4. 有利于学生心理健康水平的提高

基于游戏教学模式，体育教师在选择武术教学的教法时，应充分考虑学生的

实际情况，引导学生掌握武术知识和技能，以确保武术教学的科学性，从而更好地提高学生的心理健康水平。通过将各种武术游戏引入课堂，课堂氛围更加活跃，学生的学习情绪也能得到调节，他们在欢声笑语中掌握了武术知识和技能，同时在愉悦的心情中获得了自我锻炼。

5. 有利于学生思想品德的提高

高校的武术游戏教学活动不仅满足了学生的基本需求，而且为学生提供了积极的情感体验，激发了他们对武术的浓厚兴趣，从而自觉地将武术锻炼活动融入自己未来的生活中。在武术游戏中，教师运用富有挑战性和趣味性的游戏技巧和手段，不仅促进了学生的身体和智力的发展，同时发挥了武术游戏对思想品德的培养功能，特别是在培养学生优良的竞赛道德、勇敢的精神品质、认真负责的态度、遵守规则的习惯、进取不放弃的精神方面，产生了积极的影响。

游戏教学是高校武术教学中不可或缺的手段，因为各种武术游戏不仅可以促进学生的思维发展和智力提升，还可以提高学生的身体健康水平。此外，该方法不仅可以促进学生身体素质的普遍进展和武术专业素质的发展，同时可以培养学生遵守纪律、克服困难、团结互助、热爱集体、积极进取等高尚道德品质。

（二）游戏教学模式引入高校武术教学的设计

随着课程改革的不断推进，教师在教学观念、教学手段、教学策略、教学目标、教学评价等方面有了实质性的进展。在教学过程中，教学设计是一项至关重要的任务，它将教学的目标、过程、科学和艺术有机地结合在一起。

1. 游戏教学模式引入高校武术教学的目标

课程的教学目标具有阶段性特征，所有的教学活动都是以实现目标为中心，围绕着如何达成目标展开。学校的武术课程旨在传授武术技艺、传承武术文化知识和思想。利用体育游戏的趣味性，游戏教学模式为学生提供了一种和谐的氛围，学生在这样的氛围中进行武术练习，会对武术充满兴趣。将游戏教学模式引入武术教学中，能够有效激发学生的参与热情，使他们克服对学习的厌倦情绪。在游戏中设计武术动作，能让学生感受到武术的发力、协调、动静、快慢等，还能培养他们的创新思维。

2. 游戏教学模式引入高校武术教学的内容

如果武术教学内容过于陈旧，难以深刻理解动作要领和蕴含的深意，就会导致学生对教学内容产生厌倦情绪，同时，一些武术动作的难度较高，也会给学生带来厌学情绪，产生学习障碍。当前，高等教育中的学生更倾向于学习实用性强的武术内容，如散打、太极、器械等。为了提高武术教学的实用性和适用性，高校需要及时对教学内容进行调整，增加更多与散打、太极和器械相关的游戏教学内容。

3. 游戏教学模式引入高校武术教学的结构

体育教学由三个阶段组成：准备阶段、基本阶段、结束阶段。在教学过程中，人们根据教学规律和学生在不同阶段所处的身心状态，总结出很多针对性强的武术游戏。

（1）武术游戏教学模式在教学准备阶段的运用

传统的准备活动，通常采用跑步和体操等教学手段进行，但这些方法只能提高学生的生理机能，长期重复使用这些训练方式，会导致学生感到乏味和厌倦，而采用武术游戏教学模式则能够在短时间内快速调节学生的心理状态，使其达到最佳状态。

在这个阶段，我们应该有针对性地选择一些武术游戏，例如“武友相聚”和“大刀接力”，以提高学生的注意力和兴奋性。这些游戏形式新颖多样，丰富多彩，可以调节学生的身心状态，使他们全身心地投入课堂教学，为未来的学习打下坚实的基础。

（2）武术游戏教学模式在教学基本阶段的运用

在教学实践中，传授武术基本技术与技能是关键的一环，也是评估教学成效的主要方面。在此阶段，主要任务在于培养学生对武术基本技术和技能的掌握，以建立其内在的动力和稳定性。

为实现这一目标，依据武术教学任务、教学内容和性质以及学生的特点等，教师可安排一些合适的武术动作游戏，改变枯燥的练习方式，激发学生对武术的学习兴趣，让他们在轻松愉快的氛围中完成教学目标。

为了激发学生的学习兴趣并实现边学边练的目标，选择武术游戏内容时应以武术课的教学内容为核心，注重趣味性。此外，在武术游戏教学过程中，恰当的时机选择至关重要。一般而言，在技术动作形成的早期阶段，不宜采用游戏法，因为这可能不利于学生对技术动作的掌握。相反，在学生开始反复练习武术动作时，应该优先考虑采用游戏法，这样可以更好地提高教学效果。

调查得知，学生对于武术的耐力教学不是很感兴趣，如果教师坚持采用重复练习方式进行教学，那么学生就会感到单调乏味，从而不利于对学生学习情绪和意志品质的培养。在进行武术耐力训练时，可以在过程中穿插一些具有挑战性的游戏，以达到更好的效果。

（3）武术游戏教学模式在教学结束阶段的运用

在教学即将结束的阶段，学生已进入疲乏期，迫切需要消除疲劳、恢复身体机能，以使身心从紧张状态向平静状态转变。在这种情况下，可以采用一些轻松有趣的武术游戏来进行教学。在选择武术游戏时，必须注重其趣味性，力求在游戏内容和形式上达到轻松、活泼、精彩和幽默的效果，让学生在愉悦的氛围中整理身心，达到放松的状态。

（三）武术游戏教学模式在高校武术课堂的组织教法

目前针对学生学习有许多优秀的教学模式，例如，武术音乐辅助教学模式、讲授武术故事模式、武术口诀教学模式、武术特色教学模式、武术情境教学模式等，这些教学模式都对学生学习武术技术和技能起到了一定作用，而在武术教学中运用游戏教学模式是一种尝试，将会对学生学习武术产生巨大的吸引力。将游戏教学模式应用于高校武术课堂中，需要按照一定的流程进行教学，使武术游戏教学模式发挥应有的效果，促进高校武术教学质量的提升。

具体而言，高校武术课堂中武术游戏教学应遵循如下步骤：

1. 根据武术课的教学目的和内容来选择武术游戏

武术游戏的针对性较强，能为各种武术教学活动提供服务。武术课形式多样，内容也非常丰富，选用什么样的武术游戏要依据武术课特定的目的和内容来进行。比如，在课程开始和结束时选择的武术游戏应该是不一样的，武术课在不同器械和拳种下选择的游戏也应该是不一样的。但是不管选择哪种武术游戏，目的在于所选的武术游戏不仅要使学生在生理上得到锻炼，而且要实现武术知识技能的传授，切实完成武术课教学的任务。

2. 武术游戏的讲解和示范

确定好武术游戏之后，教师一定要先为学生讲明白武术游戏的目的、方法及规则。可根据武术游戏基本要求对游戏目的、内容、任务、规则和方法等进行详细讲解，使学生明白应注意哪些安全事项，以便在游戏规则许可的范围内，享受游戏教学所带来的快乐。

武术游戏讲解次序通常为名称、目的、意义、组织与方式、规则与要求、注意事项。在讲解中，教师应做到两个方面：一是确保每一个学生听清讲解的内容，把游戏中的要点内容、关键词句讲明白；二是讲解与演示结合，重要教学内容应进行演示，有利于学生理解，提高学生对游戏的认知水平。

3. 武术游戏中的合理分组

有些武术游戏通常会采用分组或者分队的方式进行，所以教师要合理地进行分组或分队。就武术教学而言，分组或分队的方式主要包括教师分组、报数分组、行政分组、组长分组和固定分组。教师使用哪种分组方法要依据具体的游戏内容、游戏形式以及教学条件，并结合学生具体的情况来确定，使人员数量大致相同、能力大致相同。唯有如此，武术游戏活动才能充分地调动学生学习的积极性、主动性、创造性。

4. 做好安全组织、裁判工作并及时调整

在武术集体游戏中容易发生拥挤推搡等意外，教学前应该做好防范工作，对学生容易发生的问题给予提醒、引导，使学生有序开展活动。在游戏中要公平合理，判罚清楚，多用鼓励与赞美。游戏时应控制和调整好运动量、运动强度及情绪。

5. 做好武术游戏教学的总结

各种武术游戏要想取得好的效果，就不应该只关注练习过程，还应该重视游戏结束后的总结、奖励与惩罚。在武术游戏教学中，如有问题应及时停止，现场总结问题原因和注意事项，有针对性地进行教学，才能取得事半功倍的效果。为使武术游戏活动开展得更加精彩，要多激励学生，多赞美学生，多肯定学生的长处，充分发挥学生的聪明才智，使学生不断地提高学习兴趣和学习能力。

6. 预防武术游戏教学中的问题

在武术课的教学中，可能会出现一些教学问题，主要可分为以下几种：

第一，游戏教学中的各类伤害事故。

第二，在游戏教学中，因组织不当，加之学生争胜心强，易出现一些过激行为，如学生不团结，学生之间相互责备、埋怨等。

第三，游戏运动负荷不合理。

第四，学生思想涣散、纪律性不强等。

为防止出现问题，在游戏教学中必须注意以下方面：

第一，游戏的选择要科学，内容合理。

第二，规则制定要准确，裁判公平、公正。

第三，游戏组织要严谨认真。

第四，加强学生的纪律性和安全教育。

第三节 俱乐部体育教学模式在高校体育教学中的应用

一、体育教学俱乐部理论

（一）体育教学俱乐部概述

1. 体育教学俱乐部概念的界定

“俱乐部”一词最早出现在欧美，又称总会，是社会团体和公共娱乐场所的统称。在我国，人们通常把开展各种文化娱乐及体育活动的地方，称为俱乐部。

在《俱乐部的经济理论》中，作者提出俱乐部理论。该理论将俱乐部的主要特征归纳为：在一定的地理区域范围内，存在一定联系的群体。俱乐部相对独立，会员有比较一致的兴趣，有些需要可以在俱乐部里获得满足。

体育俱乐部具有多样性、复杂性等特点，因此，厘清体育俱乐部的概念非常重要。体育俱乐部作为社会组织和“人的聚集体”，它是以体育活动为主要内容的社会组织，是一种自发形成的社会体育组织以及社会创办的进行体育活动的基层组织。体育管理部门给体育俱乐部下的定义是：由企事业单位、社会团体以及公民个人使用非政府财政拨款组织起来的以从事体育活动为主的基层体育组织。体育俱乐部大体可以划分为业余、职业、商业三类。其中，业余体育俱乐部是一种非营利性的、业余的、自愿的、自治的群众性体育组织。

学校作为一个非营利的实体，应归到业余体育俱乐部这一类别中。体育课程既要突出课堂教学，又要服务于课外活动。学校体育教学采用体育俱乐部的方式时，应按教学规律进行，也就是在教师的引导下自由选项目、选教师、选上课时间。总体来说，俱乐部教学模式是从有共同体育锻炼喜好的学生的生理、心理及自我完善的需求出发，本着素质教育、健康教育的宗旨，依托于学校体育场馆，以一定的运动项目为中心，以大课程观为切入点，将体育教学、课外体育活动、群体竞赛和运动训练整合为一个整体纳入课程的综合性体育教学模式。

2. 俱乐部体育教学模式的特点

（1）明确的培养目标和指导思想

俱乐部体育教学模式结合高校体育教学实用性、多样性、社会性、娱乐性的特点，以终身体育为指导，把增强学生体育锻炼意识，使学生掌握体育锻炼技能、方法，养成锻炼习惯，提高身心健康水平及社会适应能力作为教学的出发点和归宿。其立足“课内增知，课外强身”的指导思想，体现“以人为本”的教育思想，围绕运动参与目标、运动技能目标、身心健康目标、心理健康目标和社会适应目标开展体育活动。

（2）新颖的教学组织形式

俱乐部体育教学模式打破了年级、专业的限制，按学生需求和水平分层教学，教师按项目分不同级别进行教学，这样既发挥了教师的专项特长，又有利于学生获得最佳的情感体验，符合因材施教的原则，是适宜学生全面发展的教学组织形式。

（3）会员制度

会员制度要求学生在交纳一定的会费的情况下才能加入俱乐部，享受会员待遇，并依靠会费来维持俱乐部的正常运转，这在一定程度上引导了大学生的体育消费价值观的转变。同时，会员制度更有利于教学和管理，提高教学质量。

（4）体育教师的专业特长得到了充分发挥

通过俱乐部进行教学，体育教师能充分发挥自身专项特长，在学生中树立良好的形象，提高教学质量。调查发现，课外单项体育俱乐部或一些体育协会的指导教师都是各个专项中最具权威的教师，如曾经获得过全国比赛的冠军，这些教师在学生的心目中具有较高的威信，教师的人格魅力也在吸引着学生参加俱乐部的活动。另外，教师之间也充满竞争。从选课、择师到择教的机制看，学生的选课、择师完全是动态的，学生对教师的择教也是随机的，学生对教师的满意度是教师考核的主要依据，这样会反向要求教师不仅要成为某一项目的专家或权威，还要掌握几种体育运动技能。

（5）学生参与教学与组织管理

俱乐部体育教学模式不仅凸显了教师作为引导者的核心作用，而且更加重视学生的中心地位。该模式通过赋予学生在活动组织、运营管理及方案策划等多个方面的自主权，显著地调动了学生主动求知的意愿与学习积极性。在实施体育教学的过程中，促进学生积极参与是关键。这种教学模式既能培养体育骨干，又能使每个学生习得科学的体育训练方式，从而养成优良的体育锻炼习惯，达成个人体能与技能的全面进步与发展。

（6）课内外一体化，拓展体育时空

俱乐部体育教学模式通过体育理论知识的传授、兴趣爱好的培养、体育认知的深化以及运动技能的精进，旨在推动体育课程既定目标的达成。在课堂上，学生的学习重心在于运动技能的获取，而在课外活动中，他们则运用课堂上所学到的知识与技能来指导个人的自主练习与实践。学生参与俱乐部所策划的多元化竞技活动，体验到运动的乐趣，同时在教师、高年级学生以及体育骨干的协助之下，进一步提升运动水平、培养优良锻炼习惯，进而实现课内体育教学与课外体育活动的顺畅衔接，拓展了体育活动时空。此外，学生秉承“热爱运动、投身运动、享受运动”的理念，对于营造积极向上、充满活力的校园体育文化环境，具有至关重要的作用。

（二）我国高校实施俱乐部体育教学模式的条件

我国和其他国家尽管在经济环境、文化背景等方面存在着不同，但是在教育理念以及学校体育教学研究问题上仍存在共同点。高校体育将健康教育放在首位，教学仍然以学生为主体，教学目标是帮助学生培养锻炼习惯和意识。所以，在借鉴各方面先进的教学经验时，还要充分考虑到是否适用于我国的具体环境，是否能真正使学生爱上体育课，并且能够掌握1～2项运动技能，是否可以为今后进行终身体育锻炼奠定基础，这在高校体育课程改革中显得尤为重要。

1. 经济背景

近年来，我国国民经济发展势头良好，经济总量有较大突破。在经济水平不断提升的情况下，我国在体育教育方面的投入不断增加，这就给体育教学俱乐部发展提供了经济支持，能够更好地推动我国高校体育课程改革。

2. 文化背景

中华传统文化源远流长、博大精深，我国体育课程无论在思想上、体制上，还是在内容和方法上都深受传统思想潜移默化的影响。体育这门课实际上是特定文化历史的产物和载体。中国体育课程是在中国文化土壤中生成的，处处反映着中国文化思想，其价值取向从未背离和谐、全面的价值观。我们应该将中国文化这一特有的文化底蕴渗透于俱乐部体育教学之中，建设我们自己的体育文化。

3. 自然环境

我国地域辽阔，地形复杂多变，开展体育活动时，可以充分利用平原、山地、丘陵、盆地和高原等不同的地势条件。有效利用地形和地势，将会给体育运动爱好者带来诸多健康的运动方式，有助于其身体健康发展。结合俱乐部体育教学模式，南方高校夏季可以开设游泳、赛艇、赛龙舟、冲浪等课程，北方高校冬季可以开设冰上、雪上运动等。

4. 校园体育文化环境

校园体育文化是校园文化中紧密关联体育的重要因素，对于激励校园群体投身体育、关注体育动态起着关键性的引导作用。其形成影响因素多样，涵盖学校体育活动的实施状况、体育设施完备程度、体育竞赛的水准及品质、体育活动参与者的热忱，以及地域社会经济状况、文化背景及教育体育发展水平等。它能够提高学生对体育的深层次认知，从而使其形成体育锻炼的习惯，对学生终身体育锻炼行为的养成起到积极的促进作用。校园体育文化建设与体育教学俱乐部有着密切的关系。校园体育文化涵盖面广，不仅包含体育课堂教学和课外体育活动，还体现在学校任何地方，如寝室、食堂等场所开展的体育活动。将校园体育文化和俱乐部体育教学模式结合在一起，能够带动学校体育活动的开展，丰富学生的课外生活，更主要的是在培养学生体育习惯和终身体育意识方面发挥着重要的作用。

二、俱乐部体育教学模式的构建创新

我国疆域辽阔，各地区在社会经济发展水平、文化教育层次及体育事业发展水平上表现出不均衡态势，加之我国地域文化多样性的影响，各地学校对体育的认知度与重视程度呈现差异性。此外，体育教学实施必需的场地设施、器材装备、师资队伍以及学校地理位置、气候特征等，均会深刻且持久地影响校园体育文化的发展。同时，它们也可能对学校体育教学活动造成一定的负面影响，并波及俱乐部体育教学模式的推行与实践。鉴于此，本书结合我国具体国情、大课程理念及公共体育课程改革的总体趋势，依托既有的俱乐部体育教学模式框架，进行了课程模式的全面系统性革新，并创造性地提出了一个新的发展理念——弹性体育教学俱乐部模式。

弹性体育教学俱乐部模式汲取了传统俱乐部体育教学模式的精髓，坚持“健康至上”与“终身体育”的核心指导思想，同时针对传统俱乐部体育教学实践过程中所面临的挑战，提出了有效的应对措施，旨在更好地满足当前体育课程改革的迫切需求。此教学模式具有明显的动态性特质，具备高度的灵活性与可调整性，使得俱乐部体育教学在适应性和可操作性上更具优势。

（一）弹性体育教学俱乐部模式的构建

现实差异、教育理论和课程政策构成了弹性体育教学俱乐部模式构建的主要基础。

1. 现实差异

中国与他国在经济发展水平、文化背景、社会状况以及教育层次上，呈现出差异性。这不仅体现在宏观层面，微观层面上同样也有所表现，比如体育教学俱乐部的设置和运作，也能够清晰地反映出这些特点。当我们将体育教学俱乐部这一观念引入中国的体育教学中，可以观察到，不同地区在经济发展、文化背景、社会条件以及教育层次上，同样也会展现出各自独特的差异性以及不均衡性。正是这些特性对体育课程提出了不同要求。因此，弹性体育教学俱乐部模式的构建，必须在各个地区现实的基础上进行认真研究，以切实增强体育课程对地区的适应性。我国不同地区的差异进一步导致了学校之间的差异，甚至同一地区的学校也可能存在着差异，这些差异主要体现在培养目标、师资构成、场地器材、教学条件和学生的体育基础上。因此，弹性体育教学俱乐部模式的构建，必须考虑到学校的差异，以增强体育课程对学校的适应性。

2. 教育理论

当前，全球课程改革的主要趋向是让科学贴近生活，一改其“高高在上”“遥不可及”的姿态，力求实现科学世界与生活世界的交融。这一观念在体育领域同样得到了贯彻，促进了大学体育改革中“主体教育观”的确立，并将其作为改革的核心任务。

“主体教育观”的内涵可从两个维度进行阐释：其一，教育须以人为本，尊重并强化人的主体性地位。在人际交往中，这种主体性主要体现在主体间的相互作用上，即互动。在教育领域中，教师与学生作为两大核心，通过互动构建了教育共同体。而这本质上也是一种交互关系，二者通过不断的交流与互动，最终培育出具有高度主体性的人才，这既是教育的直接追求，也是其内在的核心价值所在。其二，教育应当回归日常生活，成为推动社会发展不可或缺的重要动力。故而，弹性体育教学俱乐部模式须以“主体教育观”为导向，确保“以人为本”的核心理念在课程安排、教学内容遴选、教学策略实施及评价体系建设等各个层面得以深度渗透，从而切实保证学生成为学习活动的真正主体。

3. 课程政策

在体育教学实践活动中，须以学生身心发展的自然规律为依据，保证教学内容紧密贴合教学大纲的要求，同时还要充分考虑到学生的年龄特征、性别差异以及所在地域的地理、气候条件。此外，体育课的教学形式也应该具有一定的灵活性和多样性。学校应当注重课程内容的实际效果，以促进学生的健康发展。在课程设计过程中，必须充分反映本学科最新的研究成果和前沿进展。

以学生为中心，遵循其身心发展规律和兴趣爱好，不仅要主动适应学生个性和社会发展的需要，还要为学生提供有益的资源，以便他们在课外自学和自练；同时，我们也应该汲取世界各地优秀的体育文化，弘扬我国源远流长的民族传统体育文化，体现我们的时代精神、发展潜力、民族性。

（二）体育教学俱乐部弹性化的含义

当前，体育教学俱乐部的弹性化趋势是多种因素相互作用、协调融合的结果，是一种复杂的体育教育现象，需要从多个角度深入挖掘其丰富的内涵。

1. 体育教学俱乐部的发展向度

对于体育教学俱乐部的弹性化现象，我们需要从宏观层面进行全面分析。体育教学俱乐部的弹性化体现在体育教学俱乐部课程模式的不断发展和完善上。

2. 体育教学俱乐部的项目向度

即根据体育课程具体项目向度，对体育教学俱乐部弹性化做局部分析。

（1）体育教学俱乐部管理弹性化

体育教学俱乐部通过灵活多变的弹性管理模式，使课程管理更具灵活性与适应性。这一转变促使体育教学俱乐部在课程管理层面上实现了多层次、更贴合时代需求的管理体系的构建。

（2）体育教学俱乐部目标弹性化

在高校公共体育课程设计的过程中，我们必须全面且深刻地把握当代社会对人才多样化的需求、地域间经济文化发展差异以及学生个体差异等多重因素的影响。基于地域、学校及学生群体间存在的显著差异，体育教学俱乐部的课程目标须展现出高度的灵活适应性，契合学校与学生的个性化诉求，确保教育实施的灵活性和最终成效。

（3）体育教学俱乐部内容弹性化

在条件允许的情况下，学校体育教学俱乐部的课程内容可依据本地区的经济发展状况、社会文化环境和教育条件灵活选择，以构建具有本校特色的课程内容体系，进而更有效地契合师生的个性化需求。此外，鉴于各学校在办学宗旨、教学设施配备、师资力量配置及学生体质状况等方面的差异性，各层次、各类型的学校均可依据自身特色自主选择适宜的教学内容。另外，学生亦拥有根据个人兴趣与偏好，自主选择学习课程内容的权利，以此实现教学内容与学生个性化需求的高度匹配。

（4）体育教学俱乐部实施弹性化

在实施体育教学俱乐部模式时，教师应当紧密结合学校的办学宗旨及场地设施状况，细致筛选教学内容，同时富有创造性地规划教学活动。这一过程要求教师具备高度的灵活性，能够依据实际情况对教学过程进行适时的调整与优化，以实现弹性化的体育教学。具体而言，教师应根据学生群体的特性、教学资源的分配以及外部环境的变化，灵活调整教学计划与活动设计，确保体育教学的有效性与吸引力。

（5）体育教学俱乐部评价弹性化

在体育教学俱乐部的评价体系中，灵活性的展现尤为突出。首先，评价主体实现了拓展，不再仅仅局限于教师这一单一角色，而是将学生也吸纳为评价主体之一。评价涵盖了学生的自我反思评价以及同伴间的互评。这种评价模式的转变，有助于增强学生的主体意识与参与感。其次，评价内容亦表现出多元化的发展态势，不仅聚焦于学生运动技能的掌握，还兼顾了学生的出勤情况、学习态度、学习潜能等多个方面，进而构建了一个更为完备且客观的评价体系。最后，评价方式也趋于多样化，除运动技能考核外，学生还可以通过自编动作演示、互动研讨等进行自评与互评，此举对于激发学生的创新思维及强化团队协作能力具有明显助益。

3. 体育教学俱乐部的对象向度

体育教学俱乐部模式是一项具有深远意义的实践探索，其弹性化在不同受众群体中亦呈现出多样化的内涵。

（1）地区

针对各地区特性，体育教学俱乐部的弹性化主要体现在与当地经济发展水平、文化背景及体育教育实力相匹配，选取富有地域特色的体育项目。此举不仅有益于地方体育文化的传承与发扬，还能形成与学校传统及文化相协调的体育教学特色，进而增强学生的文化认同，提升其归属感。

（2）学校

对于学校来说，弹性化体育教学俱乐部就是依据学校办学方针、师资情况以及体育场地设施等，确立学生体育课程的整体性与阶段性的目标，并充分地利用学校的资源，尽可能地设置各种运动项目，让学生感受到运动的多彩和体育活动对身心健康的帮助。

（3）教师

从教学活动的创造力中，就能够凸显出体育教学俱乐部的弹性化特质。教师可以采取合班与分班授课、分层教学、小组协作学习及个性化辅导等多种教学模式，针对学生不同的体育学习需求和能力水平，实施差异化教学策略。这种教学方式不仅关注学生的个性化差异，还能通过恰当的体育活动规划及课外指导，有效激发学生的体育学习兴趣与内在潜能，进而促进其综合素质的全面发展。

（4）学生

对于学生来说，体育教学俱乐部的弹性化体现在他们可以根据自己的能力、需求与兴趣进行自主选择与学习。在俱乐部体育教学模式下，学生可以更加自由地参与自己感兴趣的体育项目，通过自主练习、小组合作等方式提升运动技能与身体素质。同时，学生还能在教师的指导下，制订并实施个性化学习计划，以满足其个性化发展的需求。这种弹性化的学习方式有助于培养学生的自主学习能力与创新精神，为其终身体育意识的形成奠定坚实基础。

（三）弹性体育教学俱乐部模式的发展思路

如今，应在已有体育教学俱乐部模式成功经验的基础上，依据相关理论，按照整体、系统、全面的设计原则，从管理机制、决策机制、教学机制及具体运作方式等方面，对高校体育教学俱乐部模式进行开发和创新。

1. 弹性体育教学俱乐部模式的管理机制

弹性体育教学俱乐部模式旨在建立一个具有一定伸缩性的管理制度。

（1）外部管理

制定管理制度需要学校各方面的配合，因此单纯依靠学校体育部门来进行管理无法解决全部问题及矛盾，这就需要学校各个部门的支持和协作。学校要制定“大学生体育教学俱乐部管理条例”作为管理的依据。首先需要明确体育教学俱乐部的管理方针，还要联合多部门，如校团委、体育部（室）大学生体育运动委员会、学生工作部等共同参与到学校体育教学俱乐部管理工作中来，做到多管齐下，共同管理。

学校应加强体育教学俱乐部管理体制建设，使学生在俱乐部活动中获得锻炼与提高，切实履行“学生积极参加，学校尽力配合”的管理职能；在管理上真正走上“自我管理，自我发展，独立运行”的发展之路。对发展相对滞后的高校而言，应强化学校管理功能。当前，体育教学俱乐部运行以学校实施为主，未来俱乐部管理工作应逐渐放至学生手中，使学生进行全方位管理，这样有助于培养学生的适应能力、管理能力和组织能力，促使学生综合素质提升。

（2）内部管理

鉴于体育教学俱乐部学生成员在体质状况与运动技能方面存在明显差异，应构建并优化俱乐部内部的规章制度框架，同时加强管理体系的建设。然而，在实际执行过程中，管理制度应具备一定的弹性，确保学生能真正成为体育教学活动的主体，积极投身于体育活动中。高校应立足于对俱乐部的理解，紧密结合本校的实际情况，探索并制定出一套合适的管理策略。需要注意的是，盲目照搬国外的管理模式亦不可取。鉴于此，推行弹性管理机制不失为一种明智之选，它能够有效调动教师与学生的积极性，进而提升体育教学的整体质量。具体而言，实施弹性管理须从以下几方面着手：

①制定切实可行的弹性管理目标

体育教学俱乐部管理目标的设定，须建立在管理者与会员深入交流和讨论的基础之上。所确定的目标应当契合本地区及本校的实际情况，同时充分考量学生的个性化差异，以保证目标的明确性、实用性和可实施性。例如，为确保体育课程的质量，部分高校已明确作出规定，学生必须保证参与体育俱乐部活动的出勤率达到 70% 及以上。

②加强人力资源管理

体育教学俱乐部以学生群体为核心，所有措施均以激发学生的体育参与积极性和热情为目标，旨在深入发掘学生的个性特质与潜在能力。在此过程中，须高度重视并充分发挥学生骨干的导向作用，为他们搭建展现自我、服务群体的平台，以保障俱乐部的顺畅运作。例如，在各类体育竞赛活动中，可邀请学生骨干担任裁判，此举既有助于锻炼他们的组织协调能力，又能增强比赛的公平性与观赏性。

③完善激励和约束机制

激励机制能够激发学生的进取心与创造力，而约束机制则有助于规范其行为举止。管理者应秉承“以人为本”的原则，引入竞争机制，建立合理的管理制度与举措，旨在实现表彰勤奋、惩罚懈怠的目的，从而最大限度地激发学生的学习动力与积极性。此外，对于在各级各类体育赛事中取得优异成绩的学生，应给予适当的奖励与表彰，以此激励更多学生投身于体育锻炼，共同推动体育教学俱乐部事业蓬勃发展。例如，给予某些物质奖励；或者做课程评价时可以适当加分，前提是符合学校所要求的条件；参加校队训练者还可以放宽对其必修课的约束。比如，某俱乐部某同学在全国大学生运动会上，得了前 6 名，他体育课分数基数可以是 90，对参加过训练却没有得过名次者体育课分数基数则可以是 75。

2. 弹性体育教学俱乐部模式的决策机制

（1）经费筹集

俱乐部要正常运作，必须有一定的资金作为保障。而学生作为消费群体，不能让他们来承担俱乐部运作的所有费用。为实现教学俱乐部的正常运作，根据各地区高校开展程度的情况，将弹性体育教学俱乐部经费筹措办法总结如下：

①政府拨款

依靠政府投资办学仍是我国体育教学俱乐部运作的主要方式。高校经费主要来源于国家财政收入，财政收入又与经济发展水平高度相关。因此，国家和地区经济发展水平越高，就越有可能投入更多的教育经费。学校可积极寻求政府的支持，各级政府也可根据客观情况适当增加财政预算，加大对高校体育经费的投入力度。

②争取社会赞助

在俱乐部运作过程中，鼓励各俱乐部外出寻求赞助或参加各种比赛、表演，利用品牌效应使更多的企业投资于俱乐部；同时，还可积极争取校办企业和校外企业的赞助。各俱乐部可以代表学校参加各种比赛，对于赞助及比赛所获得的资金，一部分用于俱乐部的日常开支，另一部分上缴学校，成为发展基金。

③获取捐赠

高校体育俱乐部应当主动寻求来自校友、个人捐助者、企业界以及各类基金会等社会各界力量的广泛援助与支持。很多在自身领域颇有建树的校友，常会根据自身经济状况进行捐赠，以此作为回馈母校及支持学校体育事业发展的方式。捐赠资金的接收方式多元化，除现金捐赠，还包括实物捐赠。此类捐赠可视为与政府拨款并列的重要资金来源，对于有效缓解高校体育经费匮乏的问题具有显著作用。

④充分利用学校的场馆、器材

高校可在双休日、体育周以及节假日等时段将体育俱乐部对外开放，实现校内体育场馆及设备的资源共享，进而实现可持续发展，由此获得的资金可用于体育场馆及设施的日常维护与更新建设。

⑤创办经济实体

尽管体育教学俱乐部是依托学校而设立的，但对于那些发展较为成熟的俱乐部，亦可考虑面向社会创办经济实体，以促进体育产业的繁荣发展。例如，为学校师生及员工提供体育器材与服装，此举不仅满足了校内需求，也为俱乐部创造了收益，对其长远发展具有积极意义。

⑥自我融资

高校可依托自身的体育场馆设施与专业教师资源，创建营利性健身休闲俱乐部，为企事业单位等提供付费的健身与娱乐服务。同时，可积极组织各类体育竞赛与文艺演出，提升融资能力，以增加俱乐部收入。

（2）场地、器材

体育教学俱乐部模式的运用提高了体育教学对运动场地与器材配置的要求。其中，体育场馆的规模、可容纳人数以及人均器材占有率等因素，均会对学生体育锻炼效果产生直接影响。尽管部分条件较好的学校拥有较为丰富且完善的体育器材，但仍有部分院校面临体育场馆与运动器材配备不足的问题。例如，在开展如健美操、网球、羽毛球等广受学生喜爱的运动项目时，若场地与器材等资源无法充分满足学生需求，就会对学生的体育兴趣培养及运动习惯的形成产生不利影响。针对上述问题，本书主要从以下两个维度进行探讨：

首先，高校须基于场地、器材的高效利用与可持续发展的角度，加大新场馆建设的投资力度与新设备的采购，从而为体育教学俱乐部的稳定发展奠定牢固基础。

其次，学校应立足于现有可用资源，加强对体育教学俱乐部场地与器材的建设与管理，合理规划使用计划，并依据学校具体情况，实施科学合理的策略，以期最大化地发挥其功能效益。鉴于新建场馆所需成本高昂且建设周期长，各院校可探索场馆的多样化利用方式，如场馆的多用途使用、器材的多样化应用等，力求最大限度地提高现有场馆的利用效率，如篮球场也可作为排球场或羽毛球场使用。此外，在选取运动项目时，可优先考虑那些对场地条件要求相对不那么严格的活动。例如健身球项目，仅需一片开阔空地即可开展；羽毛球活动在无风且地面平坦的环境中同样可以开展教学。

（3）教师队伍建设

体育教学俱乐部模式具有弹性化特点，这要求教师具备教学创造性。为满足俱乐部体育教学之需，应有计划、有步骤地做好俱乐部教师的继续教育工作。体育教师应继续深造，积极运用多种信息渠道汲取新知识和新理论来学习与体育俱乐部相关的知识，从而确保体育教学俱乐部能够在高校中顺利开展。对此，为了更好地提高俱乐部教师队伍建设水平，体育部门可以从如下几个方面入手：

①加强教师对体育教学俱乐部的认识

在高校体育教学俱乐部的推广与实践中，构建一支高素质的教师队伍至关重要。教师队伍不仅要深刻洞察并全面掌握体育教学俱乐部的核心理念与运作机制，还应展现出职业奉献精神及精湛的专业技能。可以通过对体育教师职后培训体系的建立健全，显著提高他们对体育教学俱乐部的认知与理解深度。这样的方式能够促使他们的教学理念与时俱进，紧跟时代发展的步伐，从而更好地满足学生对于体育教学的多元化需求。体育教学俱乐部对体育教师素质的要求正逐步提高。体育教师不仅需要学习自己擅长的项目，还必须掌握专项以外的两项或多项运动，以此来适应学校体育教育的多元化发展趋势以及满足学生课外体育锻炼的多样化需求。

②完善师资配置

体育教学俱乐部引进人才时既要注重量，又要注重质。从年龄、职称、学位及专业结构等方面进行合理的组合，这样才能使俱乐部教师从量与质上适应教学需要并具备体育教学俱乐部执教条件。

高校要紧密结合自身实际，不断推进体育师资配置结构的优化升级。尤为重要的是，应强化对在职教师的考核评价，同时引入竞争机制，实施灵活的师资管理。另外，为契合学校各类体育工作的实际需求，体育教师队伍的构建总体上应趋向于形成一个层次分明、优势互补、注重实用性的多元化复合型结构。

第一，体育教师的人员数量须依据体育教学俱乐部的课程需求严谨确定。体育教学俱乐部的课程内容不能仅限于课堂教学，还应包括学生的课外体育锻炼、专项运动训练以及各种体育竞赛等。尤其是业余训练，更应当配置专业的体育教练。至于课堂教学的师资配置，一般建议将高校体育教师的周授课时数控制在 12 节左右，以确保教学质量。另外，还须充分挖掘体育课堂教学中教师资源的潜力，激励并促使体育教师主动承担起业余指导的重任，高效地引领学生开展课外体育锻炼及运动竞赛活动。

第二，为了满足体育教学俱乐部课程教学的需求，体育教师的组织结构要合理。在教师队伍的年龄构成中，应当考虑到不同年龄段的人，包括老年、中年和青年，以形成一个年龄层次分明的教师梯队。年轻教师可以凭借自身的活力和创新精神，不断拓展自己的专业领域，积累实践经验；中老年教师可依靠丰富经验和知识储备，向年轻的教育工作者提供更多的指导，帮助他们更好地开展工作。在学历结构中，应适当增加拥有硕士及以上学位的体育教师的数量，以提高教育水平。在构建项目框架时，教师团队应当全面了解多个体育项目，比如，传统体育项目（如武术、篮球、排球、乒乓球、足球、田径等）、时尚体育项目（如健美操、体育舞蹈、网球、跆拳道、防身术等），还有新兴体育项目（如定向越野、户外运动、蹦极、攀岩等）。这些项目为人们提供了丰富多彩的运动选择，需要教师有所掌握。在知识结构中，我们可以考虑聘请不同院校毕业的教师，以确保他们的知识体系相互补充。考虑到体育大学和体育学院在培养目标、课程设置、学术背景及教学方法等方面的不同，其学生的知识体系亦显现出丰富多元的特点。即使是同一学科领域的教师，若分别就读于不同的院校，也能为俱乐部带来各异的信息资源，使得他们能够根据自身需求，实现知识与技能的互补互促。教师队伍的职称结构应当囊括助教、讲师、副教授及教授等多个级别，且这些不同职称人员的配比须趋向均衡，以保证整个教学团队的综合实力与教学效能。另外，教师队伍的性别分布应大致与学生的性别比例相协调，确保教育过程中的公正性与合理性。

③强化教师的职后教育

加强教师的在职培训是提升师资队伍整体素质的关键手段。在推进体育教学俱乐部模式发展的过程中，应大力鼓励教师不断开展学习与研究活动，着力提升专业能力，涵盖教学能力、活动策划及组织能力、业余锻炼指导能力以及科研能力等。通过不断提升教师的学历水平，全面提升俱乐部教师的综合素养，从而有效促进体育教学俱乐部的繁荣发展。需要注意的是，学校应为教师的培训工作提供充足的时间与经费支持，以保障培训活动的有效实施。此外，还要建立健全制度框架，以推动教师教学手段与教育观念的革新，持续追求教学卓越与个人成长。

第一，要考虑到体育教学俱乐部教师职后教育方案。体育教学俱乐部的教师培训形式多种多样，包括岗前培训、研究生学历补偿教育、高级研修班、高级研讨班等。

第二，完善教师继续教育制度，一般来说有三种主要方式。一是在职培训。可以参加多种俱乐部进修班、短训班、岗前培训、助教班、高级研讨班、中青年学科带头人研修班等，系统而全面地学习基础理论。二是为了提高教师的学历水平，可提供脱产进修培训，让教师有机会脱产攻读硕士或博士学位。三是加强对中青年教师的教学业务指导，采用老带新的方式，组织他们参加岗前培训，提高业务水平。在职业生涯规划中，教师要明确自身体育学科的研究方向，以实现有针对性的研究。

对于青年教师群体，应当加大培训强度，深度发掘其在教学与科学研究方面的潜力与价值。新晋教师应立即开展培训工作，由资深且经验丰富的教师担任其指导教师，让新晋教师迅速适应工作环境，把握教学精髓。在资深教师的悉心指导与鼓励下，青年教师将在高校体育事业的稳步发展中不断积累经验，实现个人成长，并逐步在教学与科研领域发挥引领作用。对于青年教师在工作中取得的显著成绩，学校应及时予以肯定，并制定相应的激励政策，促使其持续进步。

3. 弹性体育教学俱乐部模式的教学机制

（1）指导思想

①宏观指导思想

体育学科有着自身特点，大学生的身心发展也有一定规律，教学中需要遵循这些规律，以实现素质教育为重点，以体育教学和群体活动作为基石，全面推进学校学生体育工作的开展。在此基础上，体育教学俱乐部应以全面培养学生为核心，以终身体育与协调发展为指导思想，致力于打造综合性和终身性的体育教育。

②具体指导思想

高校体育课程涵盖了体育课堂教学、课外体育活动以及校园体育文化氛围三个方面。在高等教育中，应将高校体育教育贯穿于高等教育的全过程，并将体育课堂教学的显性课程和课外体育的隐性课程有机地结合在一起；以体育教学俱乐部为核心和主线，鼓励学生积极参与体育活动，通过实践不断提升身体素质，掌握1～2项运动技能，感受运动的乐趣，培养自我锻炼的能力，养成良好的锻炼习惯，为未来的终身体育事业奠定坚实的基础。

（2）目标体系

①课程总目标

高校应结合自身的实际情况，确定体育教学俱乐部的基本目标和发展目标。弹性体育教学俱乐部的目标有“弹性区间”，这是顾及地区间经济水平、教育水平的差异，不同学校培养目标、师资力量和教学设备的差异，以及学生在体育知识、技能和身体素质方面水平的差异，我们必须考虑到期望目标和实际结果之间可能存在的差异。基本目标是基于大多数学生的基本需求而确定的，体现了其强制性和全面性；制定发展目标时，需要考虑到部分学生的特长和余力，以体现课程目标的灵活性。

针对学生的基本目标具体表述如下：

第一，运动参与目标。积极参加各种体育锻炼，保证每周两到三次的频率，养成自主锻炼的习惯，树立终身锻炼的理念，并且做好切实可行的体育锻炼计划，具备一定的体育文化欣赏水平。

第二，动技能目标。能够制订科学的体育锻炼计划，并付诸实践，增强运动技能；掌握至少一项专项运动特长；可以自己处理一些简单的运动带来的身体损伤。

第三，身体健康目标。对于自身的健康情况，掌握一些简单的测试方法，从而做好科学的训练计划；选择营养健康的食物，养成健康的生活习惯。

第四，心理健康目标。通过体育锻炼，改善自身的心理健康情况，从而养成健康乐观的生活态度，培养健全人格；学会采用合适的锻炼方式调节情绪，并体验运动带来的快乐和成就感。

第五，社会适应目标。体育活动是需要合作精神的，通过合作培养自身良好的道德，提高适应竞争环境的能力。

部分基础好的学生，可根据自身的情况制定发展目标，或者教师可为大多数学生制定一个努力目标，一般情况下，分为五个方面。

第一，运动参与目标。形成主动锻炼的习惯；能独立制订适合自身的健身运动计划；具有较高的体育文化素养。

第二，运动技能目标。科学主动地提高运动技术水平，在某个运动项目上达到相当于国家等级运动员的水平；能够进行该项运动的竞赛组织工作；能参加富有挑战性的野外活动。

第三，身体健康目标。能选择适宜运动的环境，全面发展体能；掌握评价自身健康状况的方法和手段，并能有针对性地进行自我监督。

第四，心理健康目标。在具有挑战性的运动环境中表现出勇敢顽强的意志品质，掌握评价自我心理状况的方法和手段，并能进行有针对性的调整。

第五，社会适应目标。形成良好的行为习惯，主动关心他人；能够根据环境变化及时地进行自我调整，以维护身心健康。

②阶段目标

“教，是为了不教。”在高校体育教学和课外体育活动中，学生经历了从无法独立到逐步独立再到完全独立的过程，随着年级的升高，学生独立参与体育活动的能力逐渐增强，而教师的作用则逐渐减弱。体育教学俱乐部的发展目标应当涵盖短期和长期两个方面，即通过掌握运动技能来培养学生的体育态度和习惯，以及加强他们对终身体育的认知。学生需要完成从“要我健身”到“我要健身”再到“我会健身”的转变。

（3）教学大纲

在全国统一的教学大纲的指导下，各学校可根据自己的具体条件，如学校情况、学生情况、体育教学条件（包括场地、设备、器材等物质环境）、校园文化背景、体育氛围以及学生的生源背景等，制定合理的培养方向、培养目标；对每个项目进行高级、中级、初级三个级别的设置，并编制每个级别的教学大纲，确保教学大纲的弹性。这对提高我国普通高校体育教学质量具有十分重要的意义。此外，必须充分认识到高校体育与中学体育之间的衔接问题，为学生终身体育奠定基础。

（4）教学内容

鉴于各区域在经济、文化及教育条件上的差异，高校须灵活选取契合自身发展需求的体育课程内容，同时依据自身条件和教育理念，设计符合学生需求的体育课程体系。与此同时，在现有选课模式的基础上，可引入“适度弹性选课”机制，即教师在遵循教学大纲总体要求的前提下，结合学生的实际需求，在确保教学目标实现且场地设施条件允许的情况下，可适度融入学生感兴趣并积极参与的趣味活动，以此赋予教师与学生一定程度的教学与选课自主权。

在推行俱乐部教学模式的过程中，教学内容应当实现从“以运动技术为核心”到“以体育方法、动机及经验为核心”的转型。新内容体系以人的发展为核心，强调促进学生健康，增进体育知识理解，塑造个性，提高技能水平。它鼓励学生养成持续锻炼的习惯，享受体育益处。同时，淡化体育活动的竞技特征，减轻学生压力，注重参与和体验。为应对社会变迁及学生个性化需求的增长，俱乐部教学模式对教学内容进行了大幅度调整，将竞技运动项目教材化，优化非竞技项目，并增加了富有趣味性、娱乐性、协作性及健身价值的教材内容，同时加强了基础知识的教授。高校应增加学生喜爱的体育项目，如太极拳、健美操等，以培养终身锻炼的习惯。同时，还应增加一些课外休闲体育活动，包括定向越野、野外生存等，以丰富体育活动内容。为了增强学生的体育文化认知，传承并弘扬中华民族的优秀传统文化，还可以适当增加一些民族传统体育项目，提高传统体育项目所占比重。

（5）教学组织形式

体育教学组织形式具有高度的灵活性，可参考学生的水平、差异等进行个性化的安排和优化。巧妙地运用教学组织形式，不仅可以显著提升教学质量，也能有效地培养学生的个性和情感。

①打破年级班组问题

关于体育教学俱乐部课堂教学组织形式，学术界存在着不同的观点，一些专家更支持采用分年级授课的方式进行教学。学生的身体和心理状态在不同年级之间存在显著差异，因此，当打破年级班组上课时，教师在安排教学内容和运用教学模式方面会面临一定的挑战。由于教师的能力和上课时间有限，他们无法提供全面的学生指导，这将有碍教学质量的提高。但是，打破年级教学也有一定的优势，不同年级的学生在身体、心理和知识接受能力方面存在差异，因此，那些学习动作相对较快的高年级学生，自然会成为学习动作相对较慢的低年级学生的榜样，可帮助他们提高训练水平。当然，低年级的学生也会努力提升自身素养，营造一种相互促进、互相学习的氛围。

②男女生合分班问题

在学术界，对于男女生应该进行合班还是分班上课的问题，至今仍存在着不同的观点。男女生合分班各有利弊，从社会学的角度来看，男女合班更加人性化。不同的体育项目具有不同的特点，有些项目比较适合采用男女配合的形式进行，如体育舞蹈、野外生存等，合班教学可激发学生上课的积极性，再加上教师的合理组织和安排，可使教学效果显著提升。还有一些项目适合采用男女分班的形式上课，比如篮球、排球、足球等球类运动和田径项目。对于那些需要考虑到性别差异和体质强弱的项目，我们应该采用男女分班上课的方式。这样分班，于那些对技术和身体素质有较高要求的项目，教师无须因为身体素质的差异而花费更多的时间来照顾女生，从而影响男生的学习热情。因此，要根据具体情况来选择分班还是合班。

③分层教学问题

学生的成长深受遗传、家庭环境及社会环境等多重因素的影响，展现出多样化的生理特征、心理状态及个体差异。分层教学作为一种教学策略，其目的在于引导学生依据自身特性选择适合的课程，达成个性化教学的目的，从而提升课程教学成效。

具体而言，分层教学在组织课堂教学内容、运用教学方法及构建教学模式时，会充分考量学生的实际学习能力，通过采取分层讲解、分层指导及分层评价等措施，确保每个学生均能实现逐步提升，充分发挥他们的潜力，从不同的层面获得进步，最终实现最大限度的发展。

高校体育教学俱乐部要结合自身实际，适当地采取分层教学的方法。它的具体操作可通过如下途径来实现：每个教学俱乐部的课程分高级班、中级班和初级班三个级别。高级班的目标更高、要求更严、内容更丰富、进展更迅速。该班级主要是面向具有一定体育实践能力、身体素质好的学生。中级班的目标要恰当、内容要适度。这一层次主要是面向具有一定体育基础和良好身体素质的学生。初级班教学进度缓慢、重基础、重复较多，主要是为体育基础较差的学生而设置的。每个教学层次均有其对应的教学大纲、教学要求，以及各自具体的课堂教学模式。

从教学内容来看，这三个层次之间不是有关知识的简单拼接，而是针对学生不同的运动水平对教学目标和教学要求进行的个性化设计。在具体的实施过程中采用升降级制，当学生在这一层次达到要求时，他们可以随时去较高层次的班级学习，但是当他们在这一层次学习越来越困难时，他们会退到较低的班级，教师在安排教学内容时应有所区别，以此来指导并启发学生在原来的基础上获得更大的进步。

（6）评价体系

为避免课程评价的不全面，应根据地区、学校和评价对象的具体情况等，制定不同的发展目标与更合适的评价标准。这些目标和评价标准不仅能全面客观地反映学生个体差异，还能反映学生在体育课上学习后的进步情况。

俱乐部教学模式在评价指标方面，提出应采用绝对评价指标与弹性评价指标结合的评分方法。进行绝对评价，需要把标准制定得更加客观，才能准确反映学习效果。所谓弹性评价指标，就是以考试内容的要求和标准为基础，针对学生的个体差异性，对某一项目的开展情况做出成绩进步幅度的判定。弹性评价指标可以体现学生个体差异、个人努力程度和进步情况。

在俱乐部教学模式的评价中，应注重原有的基础学习过程，并采取多维评价方式。多维评价能较好地体现学生体育学习的过程与成果。评价以掌握基本运动技能为前提，适当增加对学生出勤率、学习态度和学习能力的评价，以及自评和同学之间的互评。各院校可以结合学校实际，弹性地安排好各指标的比重。在高级俱乐部学习的学生，相当于校级代表队，还可以采用“以赛代教”的考核模式。如以参加俱乐部联赛的形式进行考核，其成绩评分标准是俱乐部联赛成绩的50%。由于采用比赛的模式进行评价，因此实践部分就可以不进行技术考核，采用学生自评、学生间互评各占 20% 和教师评价占 30% 的综合评价体系。

4. 弹性体育教学俱乐部模式的具体运作方式

（1）弹性体育教学俱乐部模式的教学与辅导

①项目设置

开设体育课前，应及时了解学生的身心特点，注重课程的多样化、弹性化，增加教材的选择空间，增强体育教学内容和社会、生活的密切联系，在内容设置上要多考虑其灵活性。同时要注意体育课程内容的乡土化、民族化，地方性、民族性体育项目要在体育教学内容中占一定比重。项目设置应该是根据学生参加体育锻炼的要求来编写，应该努力与学生今后的职业生活相联系，满足社会发展需要。项目设置系统要从健身和娱乐休闲的角度出发，更多地选择难度较低、易于进行、趣味性强、集健康与娱乐休闲于一体的项目。大学体育理论课程设置应该符合大学生心理特点、知识结构以及智能发展，应该重视人体科学、人体保健、康复知识、体育欣赏、体育心理、运动处方设计、运动锻炼效果评价和运动医务监督等内容。在立项上，普通高等学校可以根据学校的师资力量及场馆、设备等实际情况弹性安排。

②实践课上课形式

体育教学俱乐部作为一种教学形式，以学生练习为主、教师指导为辅。教师从最初的传授者转变为组织者、辅导者。其基本教学形式是教师按照学期教学计划并结合学生实际制订以“教学模块”为单元的教学计划，灵活推进教学进程。通常情况下，学生除了要上体育课，一周内至少要参加一到两次俱乐部活动。教师在授课过程中要运用集中教学、分组教学及个别辅导等多种授课形式，并且可以运用以赛代练、以赛促练等多种方法，从而不断增强学生对于该项目学习的兴趣，促使学生掌握运动技术与技巧，达到课内与课外一体化。对于教学基本组织形式，各校应结合本校实际确定。

③理论课上课形式

我们应当重视体育理论教育，注重传授学生终身受益的体育科学知识并培养他们的体育锻炼意识，同时强调将理论知识与实践技能有机结合起来；建议多安排专门的讲座；在校园体育网络平台上开设专门的体育理论教学栏目，充分利用现代教学手段，实现高效的体育网络教育。为了培养学生的体育欣赏能力和审美能力，学校网站可以提供各种运动项目的技战术视频和高水平比赛视频，供学生根据自己的兴趣和需求选择观看。为了提高学生的自主学习能力，我们应鼓励他们通过查阅各种资料（报纸、杂志、网络、体育教材和参考书籍）来进行自主学习；利用互联网提供的多种媒体信息资源，为学生学习体育理论知识服务；通过激发学生对体育锻炼的热情，引导他们自发地参与其中，从而提升学习效果。

（2）课外体育锻炼弹性化管理

课外体育锻炼运用弹性管理模式，可为学生提供更广泛的选择空间，以更好地发挥体育锻炼的实效。高校课外体育活动旨在满足学生多元化的体育需求，它不仅是体育教学俱乐部的有益补充和延伸，而且是体育教学俱乐部不可或缺的重要组成部分。如何引导学生积极参与课外体育活动，以增强他们的身体素质和健康意识？在考察相关资料并结合我国各地区高校的实际情况的基础上，我们试图就课外体育活动的形式问题作出如下探讨：

①课外体育活动开展方式

要想真正提升学生身体素质和体育教学质量，仅仅注重课堂教学是远远不够的，还要注重体育俱乐部的活动。作为课堂教学的延伸，它的作用是不可替代的。为了贯彻体育课内外相结合的原则，应建立各种单项体育俱乐部。为了保证俱乐部的教学质量，可聘请专职体育教师担任教练，并安排一定时间对俱乐部进行弹性辅导，每周定期进行两到三次弹性辅导。

②课外体育锻炼课程的内容

课外锻炼的内容主要由自主锻炼、单项俱乐部训练和体育竞赛三项组成。学生自主锻炼有很大的选择余地，他们完全可根据自身实际情况自主地选择和调整开展课外体育锻炼的时间和活动内容；每个单项俱乐部训练都是体育课堂的内容拓展，可依据学生上课所选项目在课下选择对应的俱乐部进行锻炼；体育竞赛可在不同时段进行。

（3）课外体育锻炼课程的评价

一般来说，课外体育锻炼课程以学生课外体育参与次数与活动时间为评价标准。学生可以自行选择多种活动方式，参与方式没有限制，但是数量可累积统计，而且一天只能统计一次，一次需要 30 多分钟。要求学生在有体育课的学期参加课外体育锻炼不少于 36 次，没有体育课的学期不少于 72 次，并且把锻炼次数同体育学分取得情况及学生评优获奖情况紧密结合起来。

除此之外，对学生的课外体育活动还应有所限制。比如，在一周之内，除去校内的体育教学，学生还要保证至少参加一次俱乐部的活动，且活动时间至少一个小时。参加课外活动的次数可计入考评，可采用锻炼打卡的方式，锻炼时打一次卡，结束后再打一次卡，来记录学生的锻炼次数以及每一次的锻炼时长，还可以设置锻炼规则，如锻炼不足半小时成绩为零，半小时以上才算成绩。期末时，由学校体育部进行统计，最后计入体育课总成绩。有些学生本学期的课外锻炼不达标，这种情况下，可以在下一学期将缺少的锻炼时长再补上，但是后补的锻炼时长并不能计入当期的成绩中。对于要补的锻炼时间，可通过体育训练或者体育竞赛来代替。比如，参加体育竞赛时，可将比赛前的训练时间计入补课时间。课外体育锻炼的方式，可由辅导员负责完成。辅导员作为带头人，要监督学生完成锻炼次数和锻炼时间，督促他们养成良好的锻炼习惯。这样的模式既能充分发挥体育教学俱乐部的功能与作用，同时能帮助学生养成连续锻炼的好习惯。

第四节 程序教学模式在高校体育教学中的应用

随着我国教育事业的改革和素质教育的不断推进，倡导并培养学生心智能力、实践能力和创新能力成为教育改革和发展的方向。为此，广大教育者积极进行教学尝试，把心理学和教育学交叉融合，取得了可喜的教学效果，从而加快了素质教育的进程。认知心理学的观点和一些新的教学模式被广泛应用于体育技术教学和训练中。其中最典型的就是对程序教学和时空认知的研究，通过二者的结合并应用于某些体育项目上，为程序教学与时空认知相结合的教学模式在高校体育教学的应用提供理论基础，促进高校体育教学卓有成效地发展。

一、程序教学模式概述

程序教学模式是指依靠教学仪器和程序教材呈现学习程序，包括问题的显示、学生的反映和将反映的正误反馈给学生的过程，是学习者进行个别学习的方法。

程序教学理论的代表人物美国心理学家伯尔赫斯·弗雷德里克·斯金纳（Burrhus Frederic Skinner），他也是当代新行为主义心理学派的代表。他通过实验发现动物的行为可以运用逐步强化的方法，形成操作性条件反射。他把这种操作性条件反射的理论引入人的学习行为，用于学生的学习过程，认为学习过程是作用于学习者的刺激和学习者对它做出的反应之间的联结的形成过程。其基本图式是：刺激—反应—强化。一种复杂的行为可用逐步接近、积累的办法，用简单的行为联结而成。

程序教学把学习内容分成一个个小的问题，并系统排列起来，通过编好程序的教材或特制的教学仪器，逐步地提出问题（刺激）；学生选择答案，回答问题（反应）；学生回答问题后立即就知道学习结果，确认自己回答是否正确。如果解答正确，得到鼓舞（强化）就进入下一程序的学习；如果不正确，就采取补充程序，再学习同一内容，直到掌握为止。其基本操作程序是：解释—问题（提问）—解答—确认。

根据斯金纳操作行为主义的学习理论，一位教师要实施程序教学必须考虑哪些问题呢？首先，要仔细考虑在特定的时间里计划教学的内容是什么，这些教学内容最终是要通过学生行为的获得来表示的。其次，要考虑有哪些可以利用的强化物。这些强化物包括两种：一种是学习者在学习过程中对所操纵的材料具有强烈的兴趣；另一种是在学习过程中给予学生奖励，譬如教师的一个善意的微笑、一句肯定的赞语、一件奖品等。最后，强化的最有效的安排，即教师要把非常复杂的行为模式逐渐细化成小的单位或步骤，也就是将教学目标具体分解，确定每个步骤所保持行为的强度，以使强化的效果提高到最大限度。

课堂模式要求：课前，教师进行导入，明确本节课学习的目标；课中，教师先讲述较难的知识点，然后让学生做相应的7～10道练习题，再让学生进行课堂阶段性测试；课堂结束前，进行当堂小结，采取讲、练、测、评一体的形式完成课堂授课。教师给予有解答步骤的例题和足够数量的练习，学生就能根据例题形成适当的假设，并在解决问题的过程中不断地得到反馈，有效地获取知识。在学生练习过程当中，教师的任务就是针对不同学生的不同问题加以个别辅导，同时发现带有共性的问题，在小结时一并解决。这种课堂模式充分体现了学生的主体作用和教师的主导作用，教师的角色由知识的传授者变为学生学习的引导者、促进者、合作者，同时让学生掌握学习的方法，培养他们终身学习的愿望和能力。

二、程序教学模式的理论基础

程序教学模式是由控制论、信息论、心理学以及运动技能形成规律等理论基础构建而成的，是一种具有创新性和变革性的教学模式。这一模式以反馈信息为主线，将刺激、反馈、强化贯穿整个教学过程，为教育领域带来了全新的视角和方法。程序教学模式倡导学生采用“发现—解决—记忆”的学习方法，这一转变具有重要的意义，使得学生不再是知识的被动接受者，而是主动的探索者和发现者，由此，他们能通过自己的观察和思考发现问题，并努力寻找解决问题的方法。在这个过程中，学生不仅能够更深入地理解知识，还能够培养自己解决问题的能力和思维能力。当问题得到解决后，学生对知识的记忆也会更加深刻和牢固。另外，程序教学模式还改变了以教师为主的“满堂灌”的教学形式，使教师的角色发生了转变，成为学生学习的引导者和辅助者。

（一）操作性条件反射原理

斯金纳通过对动物的实验研究，提出了操作性条件反射原理这一具有开创性的理论，成功地区分了应答性行为和操作性行为。应答性行为是有机体对特定刺激的直接反应，这种行为是本能的、下意识的。例如，当我们的手碰到热锅时会迅速缩回。这种行为是对外部刺激的一种直接回应，不需要经过太多的思考或学习。而操作性行为则是有机体自主作出的反应，它不是由特定的刺激直接引起的，而是个体为了达到某种目的而主动采取的行为。

斯金纳的行为主义理论核心便是操作性条件反射。他将条件反射明确地分为两类：应答性反射（S型）与操作性反射（R型）。S型条件反射的强化与刺激直接关联。在这种反射中，刺激的出现会引发特定的反应，而强化则是通过与刺激的关联来增强这种反应。与之不同的是，R型条件反射的强化与反应直接关联。在这种反射中，个体的行为会导致某种结果，而强化则是基于这种结果而产生的。

在教学领域，斯金纳的操作性条件反射原理具有重要的应用价值。以网球训练为例，学生需要反复练习各种技术动作，如发球、击球、截击等。在这个过程中，每次正确的技术动作执行都可以被视为一种操作性行为。通过给予适当的强化，如教练的表扬、自己对技术进步的感知等，可以增强这些操作性行为，从而提高动作的熟练度。当学生不断地重复正确的技术动作，并得到积极的反馈时，他们的大脑会逐渐形成一种固定的神经连接，使这些动作变得更加熟练。这就是操作性条件反射在网球训练中的作用，它有助于学生形成正确的动作定型，提高比赛中的表现。当然，不仅是网球训练，操作性条件反射原理在许多其他领域的教学中也同样具有广泛的作用。无论是学习一门语言、掌握一种乐器，还是培养各种技能，都可以通过合理地运用强化手段，激发个体的操作性行为，从而达到更好的学习效果。

（二）强化理论

斯金纳通过深入的实验研究，为我们揭示了学习过程的本质，即对所学知识不断强化。

在斯金纳看来，为了有效地增强某种行为，必须借助强化物不断地对行为进行刺激。而强化又可以细分为积极强化和消极强化。积极强化主要是通过给予奖励的方式来增强行为。例如，学生在考试中取得好成绩后得到了教师的表扬和奖励，那么他们在后续的学习中就会更加努力地去争取更好的成绩。比如，当一个人完成了一项困难的任务后，就可以避免被批评或惩罚，这种避免不愉快结果的体验也会促使他们更愿意去完成类似的任务。然而，斯金纳也明确指出，惩罚并不是一种有效的行为控制方法。这是因为，虽然惩罚可以在短期内暂时减少行为的反应概率，但它却无法从根本上减少反应的总次数。惩罚往往只是压制了行为的表现，而没有真正改变行为的内在驱动因素。一旦惩罚的压力消失，行为很可能会再次出现。

在体育教学中，强化原理显得尤其重要。当学生正确地完成一个技术动作时，给予及时的肯定和鼓励，这就是一种积极强化。通过不断的积极强化，学生能够更加深刻地理解和掌握技术动作的要领，从而提升学习效果。

（三）程序教学模式的控制论基础

程序教学可被看作一个闭环式的循环控制系统，其核心目的是通过对学生学习路径的有效控制，实现既定的教学目标。而在这个过程中，反馈机制发挥着至关重要的作用。在教学过程中，学生的信息反馈是教师了解教学效果、发现问题的重要依据。通过学生的反馈，教师能够敏锐地察觉到教学中存在的不足之处，例如，学生对某些知识点理解困难，或者在实际操作中出现错误等情况。这些反馈信息为教师及时调整教学程序和模式提供了有力的支持，使得教学能够更加贴合学生的实际需求，从而形成一个有效的反馈控制系统。

在体育教学过程中，教师通过建立反馈渠道，能够对学生的学习情况进行及时的评估。这个反馈渠道包括学生的课堂表现、课后作业完成情况、实际比赛中的发挥等多个方面。通过对这些反馈信息进行分析，教师可以了解学生对技术的掌握程度，发现学生在学习过程中存在的问题，如动作不规范、技术运用不合理等。而一旦发现问题，教师就可以及时纠正不合理的教学环节，对教学程序进行优化。比如，如果学生在投篮技术上存在问题，教师可以针对这一情况，增加投篮练习的时间和强度，同时对学生的投篮动作进行详细的指导和纠正。通过这样的方式，可以不断提高教学的科学性和有效性，使教学更加符合学生的学习规律和实际需求。

（四）程序教学模式的信息论基础

学习者学习动作的过程可以视为信息加工的过程。具体来说，从信息的传递开始，学习者开始接收外界有关动作的各种信息，这是一切的起点；紧接着是获取，即将这些信息纳入自身的认知范畴；随后是存储，即将获取到的信息妥善保存，以备后续随时调用；再之后是检索，即在信息库中精准找到所需的信息，让学习者能够在需要时迅速提取；而使用则是将这些信息付诸实践，真正转化为实际的动作表现；反馈则像是一面镜子，让学习者了解自己的动作是否正确、是否达到预期，从而及时调整和改进。值得注意的是，这整个过程都基于大脑皮质对动作的掌握与调节，而大脑就如同精密的指挥中心，有条不紊地调度着这一信息加工过程。

此外，在体育教学中，视觉信息的重要地位不可忽视。这是因为在大多数情况下，学习者主要通过视觉来获取大量与动作相关的信息。我们可以想象一下，在学习一项新的体育技能时，目睹正确的动作示范所带来的直观冲击和深刻印象。相比之下，听觉信息虽然相对较少，但同样也能发挥辅助作用，比如教练的口头指导和提示。由此可见，体育教学中的信息并非孤立存在的。另外，这些信息的重要性不仅体现在它们本身，更体现于其在教学中的广泛运用。通过信息的调节，学习者可以更好地规划自己的学习进程，找到最适合自己的节奏和方式。

总之，信息论在体育技术教学中有着天然的适用性。教师通过信息的传递，将动作的要领、技巧等关键信息传递给学生，而学生则对这些信息进行加工处理，在大脑中形成正确的动作概念。这一过程恰似搭建一座知识的桥梁，让学生能够从信息的此岸顺利到达正确动作的彼岸。而程序教学也正是基于信息论的原则而产生的。它强调按照一定的逻辑和顺序，将信息逐步传递给学生，让学生循序渐进地逐步掌握动作。

（五）程序教学模式的心理学基础

1. 行为主义心理学

行为主义心理学认为，学习是一个“刺激—反应”的过程。在教学中，这意味着教师应当精心规划学生的学习任务，既要增强学生对学习任务的投入，又要防止产生过度的学习焦虑。要知道，过度的焦虑会对学习效果产生负面影响，阻碍学生的学习进程。相反，合理的教学程序能够协助学生将焦虑保持在适当的水平，从而提高学习效率。例如，教师可以通过逐步增加学习任务的难度和复杂性，让学生在逐步适应的过程中，不断强化自己的学习能力和应对挑战的信心。

2. 体育心理学原理

体育心理学原理强调，学生的学习动机是学习成功的关键因素。学习动机包含自觉性和直接兴趣两种心理成分。程序教学模式能够有效地激发学生的兴趣，提高他们的学习自觉性，进而推动学生主动参与学习，避免被动灌输式学习。当学生对学习内容产生浓厚的兴趣时，他们会更加积极主动地投入学习中，努力探索和掌握知识与技能。因此，教师可以通过设计富有吸引力的教学内容和教学方法，激发学生的学习兴趣，让他们在学习中体验到乐趣和成就感，从而增强学习的动力和自觉性。

3. 运动技能形成规律

运动技能形成规律表明，运动技能的形成依赖于外部刺激和内在心理活动的相互作用。要知道，学习过程通常包括泛化、分化、巩固和自动化四个阶段。这四个阶段紧密相连，缺一不可。在泛化阶段，学生对新的运动技能有了初步的认识和体验，但动作不够准确和熟练。通过不断的重复练习和及时的反馈，学生逐渐进入分化阶段，能够更加准确地掌握动作要领，区分相似动作之间的细微差别。在巩固阶段，学生的动作技能得到进一步的强化和稳定，能够在不同的情境下熟练地运用所学技能。在自动化阶段，学生的动作技能已经达到了高度熟练的程度，能够不假思索地完成动作，实现技能的自动化。可以说，程序教学模式通过合理的教学设计和安排，为学生提供了充分的练习机会和及时的反馈，帮助学生从错误中不断改进，逐步提高运动技能水平，最终达到熟练掌握的程度。

总之，程序教学是一种独特且具有重要意义的教育过程，它借助特定的方法，即"算法"，来帮助学生更好地学习新知识。在体育教学中，程序教学的作用和价值更是凸显。因此，我们要充分认识到程序教学的核心价值，积极探索和实践，不断完善和优化程序教学的模式和方法，让更多的学生在这种科学的教学模式下受益，提升他们的学习效果和综合素质。

三、高校体育教学中程序教学模式的编制

（一）程序教学模式的编制方式

1. 直线式程序教学

直线式程序教学指的是将教材内容巧妙地划分为多个小步骤，并按照特定的顺序展开教学训练。直线式程序教学的一大优势在于其简易性，对于教师来说，通过采用直线式程序教学，教学内容的组织和呈现会变得更加清晰和有条理，这大幅降低了教学的难度和复杂性。这样，在教学过程中，教师可以按照预先设定好的步骤，逐步引导学生进行学习，确保学生在每个环节都能够打下坚实的基础。此外，直线式程序教学在部分简单的技术项目上表现出了较高的适用性。对于一些基础性的、规则明确的技术项目，这种按照特定顺序进行教学的方法能够取得较好的效果。然而，我们也应该认识到直线式程序教学的局限性。由于其强调线性的单向序列，可能会在一定程度上限制学生的思维和创造力的发展。在面对一些需要灵活运用知识和技能、鼓励创新思维的学习任务时，这种教学方法可能就显得不够灵活和多样化。

2. 分支式程序教学

分支式程序教学是将教材内容划分为稍大的"步骤"，每个大"步骤"内部

再确定详细的算法程序（即特定的方法和手段）。根据选定的算法，从需要进行学习的相关材料中，选择一些补充性内容，并向学生展示，再提出检查问题，或者直接展现一些检查性问题。比如在网球教学中，可以将正手动作划分为以下几个大的“步骤”——引拍、击球和随挥，并且根据前面提到的方法，将每个大步骤进一步细分为几个小步骤，逐步教学。分支式程序教学采用各种适配的方法来进行每一步的练习，并通过检查性问题或评估手段对其进行验证或者考查。一旦完成了当前步骤的教学，教学活动将转入下一步骤。分支式程序教学通常用来帮助学习者提升动作技能水平或者教授一些复杂技术的运动项目，如网球教学。

（二）程序教学模式的优点

1. 教学内容的时序性

教学内容的时序性是指按照项目的特性，根据规定的逻辑顺序进行编排，并且利用特定的教学手段实施。程序教学十分看重对教学过程的监督和反馈，因此在教学过程中具有更强的控制力。

2. 优异的效果

程序教学在以下方面展现出更优异的教学效果：首先，它能够更加有效地激发学习者在动作技能学习方面的主动性；其次，即使在小组进行教授与实践训练的时候，程序教学依旧能够针对个体实施个别化教学；最后，程序教学的有效实施，依托于各阶段教学成果的坚实保障，因而不仅最终教学的成果会更加优异，整个教学训练过程也能得到可靠保证。当今，许多国家正在探索怎么样将传统教学和程序教学有机地融合，以提高动作技能教学的效果。这样做的目的是将程序的规范性、教师的经验和教学的灵活性三者进行恰如其分的结合。

3. 程序教学是在规定的程序教材中完成的

程序教学是一个完整的控制系统，其核心运作机制聚焦于学生与教师间信息的交互传递。教师先传授信息，然后学生接收。在实际教学过程中，教师应根据学生在课程里面的反馈，及时对信息进行调整，发现教学中的优缺点。然后，他们将这些信息转换为更科学、更能够让学生接收的形式，并输出给学生。这样，信息就会频繁地在教师和学生之间进行交换，以促进学生的学习。

（三）程序教学模式的编制原则

1. 小步骤原则

程序教材将学习内容进行整理、设计，将其划分为几个部分，每个部分代表一个知识段落，也称为小步骤。这些小步骤经过科学的组合，形成较长的序列，后续步骤逐渐增加难度。学生按照这个序列完成学习过程，直到掌握全部内容。若遇到困难，可以回到上一步骤进行复习巩固。学习内容按照逐步呈现的方式，使学习者能够有序地掌握知识，并成功完成学习任务。

2. 即时强化原则

当学生在学习过程中遇到困难时，如果他们经过思考后仍无法解决问题，并且没有及时得到教师的指导，很可能会放弃对该内容的学习。然而，采用程序教学方法，学生能够自主地找到解决问题的方法，即返回到上一步骤学习，从而加深对所学知识的理解。这种反复回顾在一定程度上可以说是对学习内容进行加强的过程，有助于学生掌握学习内容。心理学研究表明，学习过程是通过不断加强实现的，而找到答案同样也会加强这个过程。学习者因此能够增强自信心，获得奖励，从而对学习内容产生更浓厚的兴趣，并自觉地进行持续学习。

3. 自定步调原则

在程序教学中，学生可以按照自身的情况自由掌控学习进度，根据自己对学习内容的理解程度来决定学习的速度。这种以学生为中心的教学方式，使基础不同的学生都能够按照自己的节奏学习教材。

4. 主动反应原则

程序教学将学习内容分成了一小段一小段的内容，然后根据特定的规则组合成一个整体教学方案。学生可以根据程序中给予的一些内容或者学习方式，按照自己的兴趣进行自主学习。每当学生学习完一小段内容，他们会马上得到奖励或认可，这样既能让学生一直处于积极主动的学习状态，又能进一步激发他们对学习的热情与兴趣。

（四）程序教学模式的编制目标

程序教学是针对目前的教学形势而提出的一种教学模式，在高校体育教学改革的大环境下兴起。统一的教学标准没有考虑学生个体间的不同，优秀学生努力一点点儿就可以完成这个目标，而基础相对较差的学生即使付出了很大的努力，可能依旧无法达到目标，这会让学生失去对学习的兴趣。在程序教学当中，其目标是让超过 90% 的学生都能够学会基本的技术动作，并理解技术的相关原理。同时，它还能够帮助学生进行自主学习，更加热爱体育，为他们终身参与体育活动打下坚实的基础。

（五）程序教学模式的控制系统

我们可以将程序教学当成一个控制系统，该系统涉及教师和学生两者的信息传递。在程序教学模式中，教师传递信息给学生，学生接收后在实际操作中提供反馈。教师利用反馈的信息重新调整教学程序与内容，然后将调整后的信息传递给学生。如此循环往复，这种反馈的循环过程使得教学内容逐渐深入，同时不断改善教学效果。

程序教学逻辑顺序十分严谨，通过对系统进行控制，让动作技术的连贯性达到要求。它通过信息反馈来调整和改进动作技术的教学过程。为了达到最佳的教学效果，人们应该建造一个快速反应并且具有成效的信息反馈控制系统。通过程序教学的控制系统，学生可以对比所学动作同正确的动作之间的差别，进而发现其中的一些问题，并提出改进方法，将错误进行改正。举个例子，当学生练习羽毛球正手抽球动作时，他们的中枢神经系统会接收关于用力、节奏和方向等方面的信息。然后，学生会根据以上新的信息对一些错误性的动作进行改正，进一步提高正手抽球动作的质量水平。通过这种方式，每个教学阶段都会向学生传递适当的信息，确保他们学习的质量。此外，从反馈和调控的程度进行观察，教师可以在短时间内获得学生的反馈信息，及时掌握学生状态，并马上对其进行调整，控制所传递的信息。这样，学生可以在不一样的学习阶段获得最适合的信息，最终实现整体教学的优化目标。

四、程序教学模式在高校体育教学中的实践创新

程序教学模式作为一种有效的新型教学模式，对体育教学的持续发展起着积极的促进作用。当前，不少体育教师为了更好地提高程序教学模式的教学效果，提出了程序教学与时空认知相结合的体育教学模式，即程序—时空认知教学模式，不断地对程序教学模式进行创新研究并将其应用于实践。

（一）程序—时空认知教学模式的概念

时空是一种客观抽象的概念，是万事万物存在的基本属性，能被人们所感知。而认知则是一种主观抽象的概念，是人类对外界事物进行认识的过程。时空和认知分别代表了客观和主观的角度。人类并非仅被动地接受外界刺激，而是在收到信息之后能够积极地进行加工。以上所说的加工过程即人的感觉器官对外界事物带来的刺激进行信息加工的过程。所以，时空与认知结合在一起，我们可以理解

为：人脑对所感知到的外界事物的存在形式进行信息加工处理的过程。

程序—时空认知教学模式是一种教学方法，教师在教学过程中将体育技术项目教学过程中的程序与学生的时空感知、时空表达，以及对于时空的认知性内容的建立、发展方向和巩固规律紧紧地联系起来。这种教学模式旨在将两个程序有机地结合，以便在教学实践中进行尝试。

这种教学模式对于教师针对性、基础性的体育动作的教授十分适用。它能够加快教学进度，提高教学质量，增加学生练习成功的机会，并且减少教学的时间。这种教学模式对促进学生的自主学习有着十分重要的意义。程序和时空两种概念的相互融合，可以有效激发学生自主学习的兴趣，对他们思维、认知和创新能力的提升有很大的帮助。在教学中，这种教学模式将教材划分为有条理的逻辑顺序单元，能够让学生逐步学习和掌握技术，降低了教学的难度，并增强了学生的信心。在教学过程中，这种教学模式能够及时了解学生的反应，并立马作出调整，纠正他们的错误动作。这种连续的反馈能使学生朝着正确的学习方向前进、按照教学程序的要求在适合自己的学习节奏中进行学习，不会因为个体素质及基础的差异而影响整体的学习进程。此外，教师应该仔细了解每次学习的情况，以便认识到教学程序的缺陷，并立刻对其进行改正和完善。

（二）程序—时空认知教学模式在高校体育中的应用

1. 教学程序与时空口诀

在开展程序—时空认知教学之前，教学程序和时空口诀的编制至关重要。它们的合理性直接决定了教学能否顺利进行与教学效果的质量如何。因此，在编制教学程序和时空口诀时，教师应遵循程序编程规则，明确相关注意条件，并始终坚持循序渐进的原则。

（1）程序编制方法

直线式程序的编制方法是将一个完整的技术动作划分为多个小步骤或学习目标。学生在学习过程中，先掌握第一个学习目标，然后依照一定的顺序逐一完成所有的小步骤；完成全部小步骤后，进行完整的技术动作练习，并通过反复强化和巩固来提高熟练程度，一直达到熟练掌握的水平。

集中式程序的编制方法涉及学生逐步学习技术动作的小步骤。学生先集中精力学习前几个小步骤的内容，在掌握和巩固这些目标后，继续进行下一个目标的学习。这样的过程一直持续到最后完成整个技术动作。

交叉式程序的编制方法采用了“整—分—整—分—整”的学习模式。学生先要弄明白全部的技术动作，然后专注学习第一步的知识。一旦熟悉了第一步，就重新回顾和学习整个技术动作。之后，学生继续完成第二步，熟悉后再次回顾和学习整个技术动作。按照这种方式循环往复，一直持续到掌握全部技术动作。

在制定体育技术教学程序时，随着程序进展的深入，动作的难度也会增加。为了减轻学生学习的难度，教师需要分析体育技术的相关动作，确定其关键之处、教学中的难点与重点。同时，教师在技术层面上要进行合理的小步骤调整。教师在这个阶段可以选择集中式或者交叉式编程方法，以确保整个技术动作的衔接更加顺畅、完整，进而促进正确动作模式的形成。教师务必确保学生重点关注动作的关键点和难点，并进行重复性的学习，避免动作脱节的问题。一个动作可以被结构化为多个小的环节，难点指的是学生不容易掌握或不容易有一个清楚认知的环节。这些难点对于学生完成动作的质量和技术评价有着十分重要的作用。有些时候，关键的要点和难理解的地方是一样的，有些时候则不是。因此，教师在教学的时候应该时刻清楚地区分关键要点、难理解的地方和重点，这对学生的学习效果有很大的影响。

（2）编制体育技术教学程序和时空口诀应该注意的事项

在制订体育技术教学计划时，教师要按照一定的方法，结合体育运动技术方面的特征、结构与规则进行编排。我们先要把每个体育技术分为一些小的步骤，然后合理地组织这些步骤，形成一个新的教学计划。

时空口诀是根据教学步骤设计的，目的是帮助学生准确地认知运动技术的时间和空间特点，使他们在最短的时间内熟悉这些技术。在设计时空口诀的过程中，教师需要将运动技术方面的要领纳入其中。口诀需要让人们一看就明白。在学生学习和记忆技术动作时，时空口诀可以起到很大的辅助作用。

在制订运动技术的教学计划和时空口诀的过程中，教师需要同时想到两种不同的教学方式，并将它们的优点结合在一起，以达到最好的教学效果。并且，教师要关注学生运动技能水平的提升、终身体育意识的培养，以及他们的思维认知等各种能力的提升。

编制运动技术教学程序的主要目的是帮助学生学会运动技术。为了实现这个目标，我们在编制时需要提前认识到学生差异化的特征、他们对体育运动了解和喜爱的程度。这样才能制订与学生实际情况相符合的教学计划，使其易于学生接纳、使用，并获得理想的成效。

2. 程序—时空认知教学模式在高校跳远教学中的应用

以现代跳远技术为基础，参考程序教学模式的编程手段与独特之处，以程序教学与时空认知协同的教学模式为依托，可以制定出跳远程序—时空认知教学模式的教学流程。

第一步，在课程开始前，教师要做好准备工作，分解教学目标，确定本节课的学习内容，编制学生跳远时空口诀。

第二步，在课程的开始阶段，教师进行常规教学，教给学生时空口诀，然后进行讲解示范，并让学生观看技术图片，加强跳远运动时空感训练。

第三步，学生进入自主练习阶段。学生在教师指导下进行自由的训练，并进行互动和相互反馈。通过这种交流，学生能够知道错误动作出现的缘由。同时，教师会立刻提供帮助和指导，帮助学生纠正错误行为，对正确行为进行强化，以达到技术学习的目标。

第四步，教师对学生进行测试。测试结果分为三种：通过，即学生能熟练地完成技术动作；基本通过，即学生能完成技术动作，但不熟练，动作不连贯、生硬，必须通过强化训练才能通过；未通过，即学生不能完成技术动作，教师与学生之间、学生与学生之间应进行交流，找出解决办法。未通过但经过强化练习后通过的，可以进入下一单元的学习；仍未通过的，则必须继续学习，直至学会才能进入下一单元的学习。

第五步，课程结束时填写时空认知问卷，课后回忆课堂教学程序、手段和自己的感觉与体验。

3. 程序—时空认知教学模式在高校排球教学中的应用

教师采用程序—时空认知教学模式进行教学时的课堂操作可分为以下五个具体的步骤：

第一步，在课前，教师应该重视三个方面：教材、学生和教学方法。首先，教材包括提前制定的教学程序与时空口诀；其次，学生需要在课前掌握这些口诀，同时对排球技术有一个基本的认知，这为后续的练习奠定了理论基础；最后，教学方法是将教材和学生进行融合，通过技术动作和时空的实践演练，帮助学生构建准确并且相对完整的认知结构。

第二步，在课堂上以常规方式进行教学。教师向学生解释和展示技术动作，帮助学生进一步理解如何掌握正确的动作感觉和时机，从而鼓励学生主动进行练习。

第三步，学生进行自主学习和练习。如果想让学生进行自主学习，教师需要引导每个学生选择与自身能力水平相匹配的系统进行学习。这样做不仅可以激发学生对学习的兴趣，还能带来更好的学习成果。教师还可以对学生小组的交流、讨论行为进行鼓励，帮助对方看到不足，并一起分析其中的缘由，共同将问题解决。并且，教师和学生需要保持沟通，方便教师做出反馈意见与评价，纠正错误，对正确的体育动作进行强化练习，帮助学生成功完成课堂目标。

第四步，教师进行主观评估。在评估过程中，可能会出现以下三种情况：一是通过，表示学生能够顺利地完成所要求的动作；二是基本通过，表示学生在完成动作的过程中掌握程度还不够，应该强化练习；三是未通过，表示学生无法完成技术动作或者在完成动作时存在错误。未通过的学生应主动与教师和其他同学进行交流和讨论，以便确定问题的根源并找到解决方案。

第五步，在每节课结束之前均应要求学生填写时空口诀信息的反馈表和自评细则表，以获取学生的学习情况和课堂体验反馈。

第四章 高校体育教学的育人功能

体育教学是现代教育的重要组成部分，不但对学生的全面发展和终身体育意识的培养具有重要作用，而且对我国整体教育情况和人才培养情况也有深远影响。本章详细解析体育教学的育人功能，分别对美育功能、德育功能、智育功能、体育教学与人的社会化展开详细论述，从而为体育教学奠定理论基础，促使体育教师更好地发挥体育教学的育人功能。

第一节 高校体育教学的美育功能

一、美在体育教学中的体现

体育教学的方方面面都体现着美，拥有相对广泛的美的内容，主要反映在以下几个方面：

（一）教学过程的美

对于体育教学过程来说，美主要体现在两个方面：一方面，是师生在具体的教学活动中反映出来的多元化创造性活动；另一方面，是师生在动态中产生的具备美的特征的组合形式。在体育教学过程中，不仅要反映教师的独特性与学生的个性，而且要确保教学具备的三项特征，分别为有序性、节奏性和完整性。

（二）教学内容的美

在体育教学中，教学内容的美是一个重要方面。究其原因，有两个方面：一个是因为教学内容在教学活动过程中发挥着关键作用；另一个原因是，具体教学内容中所包含的大量美的因素具有决定性的影响。体育教学内容中的美具有一定的广泛性。这种广泛性一方面体现为直接引入人类文化知识体系里的艺术美、社会美、自然美与科学美；另一方面，则表现在经师生实践改造后呈现出美的特质的那些内容上。但是，不管是哪一种，都充分体现了美的存在。除此之外，体育教学内容的美还涵盖内在的美，具体包括崇高理想与情操、坚定意志、顽强品质等。

（三）教学环境的美

体育教学环境涵盖场地、器材的选择与布置等教学外部条件。环境可以对人的活动产生特定作用，周围环境对体育教学同样有不容忽视的作用。教学环境是教学实施的必要条件，创造一个良好的教学环境能够让学生感受到美的力量，从而增强他们对学习的积极性。除此之外，良好的教学环境有利于学生消除疲劳、缓解紧张心理以及理解和掌握技能等。

（四）教师和学生形态的美

教师和学生的形态指的是他们在教学活动中的行为方式，涵盖行为动作和面部表情。形态美指的是教师和学生通过行为动作、语言等所展现出来的美。在体育教学的过程中，教师和学生的形态美相互联系、相互影响，特别是教师的形态美对学生具有很大的引导作用。

二、美学在体育教学中所起的作用

（一）能够解决体育教学中情感激发和个性陶冶被忽视的问题

体育教学不仅包含教师的教，也包含学生的学。教师应当以学生的具体情况与特征为依据，有针对性地培养学生的个性，使学生对美的情感体验更加多元化。学生在教师将体育教学与追求美的享受相结合的过程中，更能自觉地接受美的熏陶，从而达到陶冶个性和激发情感的统一。

（二）使体育教学效果得到有效的提高

对于体育教学而言，美在提高体育教学效果方面发挥着关键性的推动作用，具体反映在两个方面：第一，教师在认真备课、认真钻研教材的过程中，能够在对教学内容美进行体验的基础上，通过创造性的教学方式，将教学内容的美充分展现给学生；第二，学生在教师主导作用下，通过创造性学习，可以在知识、动作技术等方面有一些进步。

（三）使体育教学理论的研究更加深入、细致

目前，我国存在着许多关于体育教学理论的研究，但大多数研究是从社会的政治经济制度以及生产力发展的视角开展的，而以人的价值和个人发展作为出发点的研究相对较少。体育教学不只是向学生传授知识、技能，还需要塑造与培养学生内在的心灵与品质。就美的教育与审美能力培养来说，它不仅能有效推动体育教学的完成进程，还能激发学生的情感，使他们的内心得到净化。

三、美育及人育

美育是一种旨在促进人的素质全面发展的教育方式，即培养人美的素质，并且能够同其他方面的教育领域进行协调，使人变成更美好的个体。美育的根本任务是培养人的美。在人的成长过程中，美育为人的发展设定了规范，引导人们走向完善。个体的美化可以说是个体成长的一种非常高级的形式，其目标就是培养完善的个体。人能够在创造美的过程中，不断美化自身。人的美化是对人的全身心的美化，它与德育、智育、体育等协作，共同实现美育目标。古希腊十分重视人的美化，当时的教育家在注重知识、道德培养的同时，还通过体操、竞技等方式美化人的身体，通过艺术教育美化人的心灵，培养出了一批杰出人才。文艺复兴时所谓的“巨人”，席勒所谓的“完整的人”，都是特定时代对人的美化追求。而美育就是一种拥有示范性特征的人的美化活动，主要目的是将健康审美观念、高雅审美情趣、崇高审美追求作为价值标准，对人的美与完美的人发挥规范性作用。人的美化任务首要是心灵美化，心灵是精神心理范畴，心灵美化具体就是美化人的精神世界。

从古至今，对心灵的美化有多种见解。第一位全面论述美育的也许要算德国诗人、剧作家、美学家席勒。他在其著作《美育书简》（又译为《审美教育书简》）中，从“完满人性”的角度系统而深刻地阐述了美育。他认为凡人皆有“人的人格”和“人的状态”这两种基本因素：前者代表着人的自我、形式和理性，形成理性冲动；后者代表着人的现象、内容和感性，形成感性冲动。理性冲动和感性冲动是人类天性中截然相反的两种要求。具体来说，理性冲动追求形式性，想要把所有东西加上形式；感性冲动追求实在性，想把所有内在东西外化。人们常说的完满人性或人性理想境界，通常是指理性冲动与感性冲动的和谐统一，但这种和谐统一须由后天的第三种力量或冲动形式来实现，这就是“游戏冲动”。“游戏冲动”的状态也就是克服感性和理性各自片面性的审美状态，这种审美状态使人在美的

观照中，心情处于法则与需要之间的一种恰到好处的位置，也脱开了需要的强迫，从而达到“完满人性”，使人成为如马克思所说的那种“完整的人”。于是席勒认为：“如果要把人变为理性的人，唯一的途径就是先使他成为审美的人。”① 而使人成为“审美的人”的教育便是美育，因此，美育就是培养人的“完满人性”并成为“完整的人”的一种教育。但是，要实现“完满人性”，人要成为“完整的人”，美育只是其中的一种教育。所谓“完满人性”“完整的人”也可叫作“人的全面发展”“全面发展的人”。结合现代的具体要求，这就是德、智、体、美、劳等方面的优秀素质，培养出具有社会主义觉悟与信念的建设者与接班人。尽管培养这样的人需要美育，但不能只依赖美育，我们应当把多种教育置于同等重要的位置，这样就必须找到美育原本存在的规律、特征、内容、形式、实施途径、实施办法，促使美育和多种教育相互联系、相互区别，获得自身的独立发展，发挥自身的特殊作用。

在我国近代，从培养“完全的人”的角度定义美育的当推王国维。他撰写的《论教育之宗旨》一文，认为教育的宗旨在于通过“体育”和“心育”（包括智育、德育和美育）而培养“完全之人物”，继而认为“美育者一面使人之感情发达，以达完美之域，一面又为德育与智育之手段”。美育“使人之感情发达，以达完美之域”，美育即“情育”也。具体来说，王国维立足于培养“完全的人”的立场来界定美育是正确的，同时也应肯定他对美育与德育具体关系的洞察。但“定义”本身并不完全，显著的缺陷有两个：第一，反复重申了美育对人情感的陶冶作用，但没有对人的审美能力的培养之功予以高度重视；第二，将美育当成德育和智育的重要方式，但未能着重强调美育作为一种教育的独立意义和不同种类教育之间的相辅相成性。蔡元培对美育的定义和王国维是类同的，但更加简明一些。蔡元培先生说：“美育者，应用美学之理论于教育，以陶养感情为目的也。”②“陶养的工具，为美的对象；陶养的作用，叫做美育。”③ 蔡元培先生的定义尽管也强调美育于情感陶冶之效，却把它明确地认为是一种独立的教育形式，对美育的实践极有启示，也对美育作为理论学科的建设具有指导意义。我们可以这样认为：我国近代以来关于美育的实践和研究，与王国维、蔡元培等的推动是分不开的。倘若“爱美”是一种“天性”，则爱美教育的重中之重就是先将这种最开始没有意识的情感倾向提升至自觉的、有意识的心理欲求，之后将此类有意识的情感取向

① 许自强．美学基础：第 5 版 [M]. 北京：首都经济贸易大学出版社，2020.

② 李清聚．蔡元培“以美育代宗教”思想研究 [M]. 北京：中央编译出版社，2017.

③ 蔡元培．中国伦理学史 [M]. 北京：中国书籍出版社，2020.

导向下意识，由此演变成更高层次上的、具备稳固性与习惯性的情趣爱好。

审美教育就是爱美教育的进一步升华。人的情趣存在着高低之分，这是一个不容忽视的事实。那些仅追求感官刺激与外在功利满足的人，往往容易陷入低级趣味之中。这种低级趣味或许能够在短时间内带来某种表面上的满足感，但从长远来看，它无法给人带来真正的内心充实和精神满足。相反，只有追求积极向上、富有优秀内涵的美，才能真正体现出高雅的审美情趣。这种审美情趣能够让人感受到美的力量，激发人们对美好生活的向往和追求。审美追求的境界是多层次、多维度的，但一般都会从个人外在形象和家庭环境的美化开始。当然，审美追求并不仅仅局限于此。进一步来说，完美的身心和精神人格是审美追求的更高层次。这意味着人们不仅要关注外在的美，更要注重内在的修养和品质的提升，即通过不断学习和自我反思，培养自己的品德、智慧和情感，使自己成为一个具有高尚情操和丰富内涵的人。而最高层次的审美追求则是为祖国、民族和世界的美化做出贡献，这种审美追求超越了个人的利益和欲望，体现了对人类共同价值的追求和对美好未来的向往。

审美教育的对象和目的决定了审美内容有三个基本方面：首先，美的知识和理论是审美教育的基础，为人们提供了理解美的本质、特征和规律的框架，使人们能够从理性的角度认识美。其次，通过各种美的形态进行审美实践，人们可以在实际的体验中感受美、欣赏美，提高对美的感知力和鉴赏力。最后，在各学科中融入美学因素进行审美教学，使审美教育贯穿于整个教育体系，培养学生的综合审美素养。

创美教育是在审美教育的基础上进一步发展而来的，旨在引导学生通过思想、情感、知识和技能进行美的创造与实践，培养并锻炼学生创造美的能力。创美教育强调学生的主动性和创造性，鼓励学生在实践中发挥自己的想象力和创造力，将自己的思想和情感通过各种艺术形式表达出来。通过创美教育，学生能够学会用美的眼光看待世界、用美的方式表达自己，从而提高自己的综合素质和创新能力。

爱美教育、审美教育、创美教育在实际的美育过程中，并不能截然划分，而是有机统一的。创美教育始终伴随爱美教育、审美教育而进行，而爱美教育、审美教育又在创美教育中被强化、被提升，共同实现对“完整的人”的培养。借助体育活动，爱美、审美、创美可以有机结合起来，从而使体育活动的方方面面都拥有美，进而使学生在参与或欣赏体育活动的过程中能够掌握审美与创美的有效途径。

四、体育与美育

纵观历史可知，体育和美育之间存在着紧密联系。在原始社会时期，体育活动与娱乐或艺术活动常常相互融合。原始歌舞就是一个典型的例子，它不仅是人们情感表达的一种方式，还包含着身体的运动，同时具有一定的健身功能。在这种原始的活动中，体育与美育的元素浑然一体，共同满足着人们的多种需求。而在古代社会中，体育活动的发展也体现了与美育的紧密结合。例如西周的武舞，它既是一种身体训练的方式，通过各种动作和姿势的演练来增强身体素质，同时具有很强的审美价值。其舞蹈的形式和节奏展现了一种独特的美感。古希腊的体育运动同样如此，人们在注重身体训练的同时，也非常强调美的塑造。运动员不仅要有强壮的体魄，还要具备优雅的姿态和高尚的品德，这种对身体与美的双重追求，体现了体育与美育的完美融合。另外，古希腊时期，体育与美育的结合还促进了雕塑艺术的发展。古希腊的雕塑作品，很多都以运动员为主题，这些作品通过对运动员身体线条的刻画和姿态的塑造，将体育中的美以艺术的形式呈现出来，使人们更加深刻地感受到了体育与美育的融合之美。同时，古希腊的这种体育与美育相结合的文化传统，也为后来的体育与美育的融合提供了宝贵的文化基础，影响了后世的教育理念和文化发展。

以性质和功能作为分析角度，能够发现体育和美育之间有很多相同点。第一，体育和美育都是以活动本身为目的，更为注重过程而非仅仅关注结果。诚然，体育和美育都涵盖了知识、技能、技术以及道德的学习，然而这些仅仅是实现目标的手段，其真正的核心在于活动过程中个体的全面发展。无论是参与体育活动还是接受美育的熏陶，人们都能在过程中不断地挑战自我、超越自我，从而实现身心的成长与进步。在这个过程中，人们不仅仅是在学习和掌握某种技能或知识，更是在塑造自己的品格、培养自己的意志品质，以及提升自己的综合素质。这种以过程为导向的教育理念，使体育和美育能够更好地满足人们对于全面发展的需求，帮助人们在不断变化的社会环境中保持积极的心态和健康的身体。第二，体育以身体教育作为主要内容，致力于推动身心的协调发展，而美育则以情感教育为重点，旨在促进身心的全面发展。尽管它们的侧重点有所不同，但这种强调身心协调发展的教育理念，无疑是体育与美育的共同基础，同时是现代教育致力于培养全面发展的人的核心目标。正是由于体育与美育之间存在着这些相似之处，在一些欧洲国家，体育甚至被视为美育的一个重要方面。这种观念的形成并非偶然，而是基于对体育和美育的深入理解和认识，它反映了人们对于全面发展的追求，以及对于个体身心健康的高度重视。

体育本身就存在很多美育的因素：首先，体育教育通过促进人体健美，帮助人们实现了身体健康美、精神健康美和行为健康美的均衡发展。其中，身体的健康美是健康美的基础，不仅赋予我们健康的外部形态，让我们拥有匀称的身材、良好的体态，还能提升内脏机能，使身体的各个器官系统协调运作，维持生命的正常功能；精神的健康美是健康美的核心，反映了一个人性格的健康程度，即是否具有丰富的情感、顽强的意志和高度发达的智力，以及基本的道德观念，它能够让我们成为有温度、有责任感的人，让我们能够与他人和谐相处，共同营造美好的社会环境；行为的健康美则是健康美的外在表现，它以社会性为基础，强调光明、正大、有组织纪律的行为，另外，行为美还是精神美的外化，体现了人们常说的“心灵美”。其次，体育作为协调身体的活动，使运动者和观赏者产生了强烈的审美体验。由此可知，体育是实施美育不可或缺的领域。

对于人体自然美而言，正确的身体姿势是其重要基础。要知道，良好的坐姿、立姿和走姿不仅能展现一个人的精神风貌，还能有效预防脊柱侧弯、颈椎病等多种疾病。在学生的成长过程中，教师应当注重培养他们的正确姿势意识，并通过课堂讲解、示范和纠正，让学生养成良好的姿势习惯。另外，各种优美的走、跑、跳、投、体操、武术、球类和舞蹈动作，都是以正确的身体姿势为基础的。

发达的肌肉是健康美的一项重要标志。肌肉是人体运动的动力源泉，也是维持身体正常功能的重要组成部分。对于青少年来说，肌肉、骨骼的成长尤为关键，直接关系到他们的身体发育和健康状况。为此，学校体育应充分发挥其作用，并通过科学合理的锻炼计划，促进青少年肌肉和骨骼的发展。此外，学校还应注重营养教育，让学生了解合理的饮食对于肌肉发展的重要性，保证他们摄入足够的蛋白质、碳水化合物和脂肪等营养物质。

动作美是体育美的突出表现。体育运动中的各种动作展现了人体的动态美和协调性。教师在体育教学过程中，应重视对学生动作美的培养，让学生在运动中感受到美的存在，提高他们对体育的兴趣和热爱。教师应通过优美的示范，为学生展示正确的动作要领和技巧，让学生在模仿中逐渐掌握动作的精髓。例如，在体操教学中，教师可以通过精心编排的动作组合，让学生在音乐的伴奏下，展现出优美的身姿和灵动的动作；在田径教学中，教师可以引导学生注重起跑、加速、冲刺等环节的动作规范和美感，提高他们的运动成绩和审美水平。

尽管我们重视身体的正确姿态、发达的肌肉和优美的动作所展示的外在美，但我们必须认识到，这些外在的表现固然重要，却无法触及心灵美的层面。而体育竞赛活动为我们提供了一个独特的视角，能够最真实地反映学生的思想品格、意志品格，以及他们的态度、精神和行为。这是因为在体育竞赛中，学生面临着各种挑战和压力，他们的表现不仅仅是身体素质的展示，更是内在品质的体现。一个具有良好思想品格的学生，会尊重对手、遵守规则，展现出公平竞争的精神；而一个具有坚强意志品格的学生，会在面对困难和挫折时坚持不懈，勇往直前，不轻易放弃。这些品质的体现，不仅仅是体育竞赛的要求，更是他们在未来生活中所需要的宝贵财富。然而，学生在体育活动中的表现并不一定朝着积极的方向发展，而这就需要教师发挥其重要的引导作用，他们应该教导学生如何在竞争中保持尊重和公平，如何在面对胜利和失败时保持谦逊和坚韧。同时，他们也需要让学生明白体育竞赛的真正意义，即不仅是为了胜利，更是为了培养良好的品德和素养。

通常情况下，体育活动都会伴随审美的情感体验。对于伴有音乐的体操与滑冰来说，借助听觉和视觉获得的审美体验自不必说，即便身体运动本身也会产生审美体验。这种体验首先来自运动中的自我实现感受。当人体摒弃各种多余的动作，摆脱各种束缚而协调自如地运动的时候，主体往往会在内心里惊奇地感受到生命力的充分展现和自由状态的表达。这种感受源于运动知觉和想象，产生于人们对自己身体运动的协调自由特征的领悟。在这种情况下，处于运动状态的人会将自身运动着的身体视为审美对象，在融洽的运动形式中感受自由带来的快乐。心理学研究证实了身体协调运动能够产生美感的可能性。熟练的运动恰恰是借助肌肉与神经组织的协调活动来实现的，其最终结果是用最少的精力消耗完成特定动作。运动的节奏感也蕴含着和谐自由的美感经验。这就使那些高度协调的动作不仅具有外在的美的形式，而且能唤起运动者本人内心的审美体验。从体育心理上说，正是神经和肌肉活动，使人体本身及其活动具有获得美的可能性。

对于现代文明社会来说，体育不仅是强身健体的有效措施，而且是彰显个性情感的重要方式。在全面协调自由的运动过程中，学生不单要展现自身的体能与体力，同时要表达内在的精神生命、具体情感以及欲望。人们在对有节奏的自由运动形式进行感受的过程中，个性情感往往会借助文明的方式来表现与升华。对于这点来说，体育恰恰蕴含着美育的功能。

在人类文明不断发展的情况下，体育越来越成为一种能给人们带来审美享受的运动，体育运动的观赏性特征越来越显著。多样化的体育运动项目向人们呈现了五彩斑斓的审美对象。在音乐的伴奏下，女子自由体操和艺术体操展示了灵巧、活泼、舒展、婀娜的美；花样滑冰则创造出自由奔放、潇洒自如的艺术境界；高山滑雪令人惊叹，百米赛跑扣人心弦……在体现人类力量与智慧相协调的运动形式中，我们能够感受到人类为超越自然界限，争取更高自由度而创造的伟大与美丽。这种感受虽不如艺术欣赏那么精致高雅，但由于运动是健与美的结合，所以更激动人心，更令人振奋，更充满着生命力昂扬的情调。这就是“更快、更高、更强”的神奇魅力。在这一点上，体育观赏同样包含推动个性情感表现以及升华的美育功能。由于身体协调运动与心理和谐活动之间存在着无法割舍的联系，所以美育能够对体育发挥很大的推动作用。

心理的和谐平衡状态是体育运动的基础。无论是运动技能和技术的掌握，还是体育竞赛，都要求人们具有稳定的心理素质，审美心理状态不是消沉、呆滞、麻木，而是活泼、灵敏、自由、和谐。审美素养较高者常常可以很自如地调节心理平衡，还能在较短时间内让自己兴奋起来，这种心理能力恰好是体育运动极为需要的。

在体育教学中引入美育原则，并在体育教学评价中有机融入审美评价，能够让体育和培养全面发展个性的素质教育的宗旨更加吻合。

提升审美修养并坚持参与审美活动，可为提升体育运动素质提供良好心理条件。就这方面来说，美育能够对体育发挥积极作用。部分中小学已经在体育活动中引入了美育因素，并且作出了积极探索。教师对课间广播进行了有效拓展，增设了一套师生共同创作的健力腕操，同时用一组由几个音乐共同编排的音乐来引导和控制入场、做操、退场环节。学生在乐曲的激励下，做着各种活泼、有序的动作，身体的运动与心理的体验有机融合。这种活动不仅有利于健身，而且能激发学生的生命活力，培养他们良好的节奏感、协调感和流畅感，促进他们的身心健康。这是基础教育中美育与体育结合的成功尝试。

五、在体育教学中运用体育手段实施美育

与其他领域的美育工作类似，体育教学中同样要着重培养学生对美的感受能力、鉴赏能力、表现能力以及创造能力，尽管侧重点往往存在着很大差异。体育

教师要采取各种可行的手段来丰富体育教学活动中的审美因素，使广泛的审美性成为学生掌握体育教学知识和技能的契机，让学生在审美感受中获取真知，提升能力，将审美当作学生获得真知的一种有效的方式。美对求真具有启发性，对培养能力具有实效性。

培养感受能力，要从体育与卫生的角度，对学生的感觉器官进行训练与保护，以利于日后健康地参加审美活动。美具有形象感染性的特征，离开了感性认识，谈不上审美感知。在此基础上，教师要正确引导学生的意识倾向，鼓励学生在运动中尝试美的内在体验，并自觉地培养审美意识。与此同时，这种意识的培养不应当只局限在运动以及舞蹈活动中，还应包括在观察此类活动的过程中，将内心感受的美（动觉）与外形观察的美（视觉）结合，以达到欣赏的目的。

在培养鉴赏能力方面，我们应该系统地传授体育知识，把竞技常识与美学原理结合起来，使学生能够在观看竞技比赛的过程中获得美感。虽然运动者和观众对运动的欣赏和快感都会由于运动美的增多而逐步增强，但事实上由于两者本质上的不同，其审美程度亦有所不同。体育运动的观众所享受到的美感多半是视觉上的，而运动者则可以同时体验到视觉、动觉的美感。由此可知，体育教学应当把一部分目标设定为培养学生，使其发展成具备审美能力的体育观众，就算是借助其在视觉上对运动的体验，也同样能感受到其中美的因素，并可以逐步发展成具备美感且可以准确评价的体育观众。

从本质上来说，培养美的表现能力与创造能力，关乎学生现有审美意识如何外化的问题。拥有艺术创作才能的人，往往能借助不同的艺术形式来创造出比体育现实更加集中、更加强烈的艺术美，但绝大多数人仅可以把审美意识反作用于自身生活。就这方面来说，体育中实施美育的特殊性反映得更加显著，通常反映在怎样培养学生健美身体和对应的思想、行为。

在体育教学中实施美育，有着与其他领域不同的特点，那就是要通过塑造健美的身体，使青少年形成健康的审美观。

健，古来泛指强有力；康，蕴含愉快平安之意。健康要求身体和情绪均保持良好状态，即“身心俱泰”。中国唐朝有一种乐舞，因其刚健有力的特点名曰“健舞”。我们常用“健步”来赞叹步履轻快的善行之人，以“健儿”之美誉加于壮勇之士，冠“健将”之名于体育运动之能手。

健康和美之间是相辅相成的关系。美丽心灵与伟大意志只能在身体条件允许的情况下才会发挥作用，同时其趣味会随着年龄与兴趣出现变化。如此一来，我们就不难理解哲学家为保持心灵健康而高度重视身体健康的情况。在现代体育中，对健康有负面作用的一些活动是因为人们畸形的审美观念造成的。然而，习惯、风俗以及爱好是能够改变的，落后的习惯往往会随着时代前进逐步消除。体育的终极目标是为人类社会创造健康的美。

教师形象对体育课中的美育具有不容忽视的作用。学生年龄越小，教师对学生产生的影响就越深刻，这种影响是潜移默化的。相较于其他学科的教师，体育教师的示范作用尤为显著。他们需要语言幽默、行为动作优雅、生活方式淳朴、着装整洁、思想与时俱进和品行正直，从而为学生带来积极的影响。此外，体育教师还要关注上课时的示范教育环节。

由于体育课程的知识和技能传授不仅需要教师口头讲解，还需形象的动作示范，这种双重的教学活动从某种视角来说，同样是一种审美体验。如果体育教师没有美观的动作，很容易给人留下粗鲁、欠缺教育素养等不好的印象。作为体育教师，需要将美育融入教学之中，这包括传授基础美学方面的内容，推动学生形成良好的审美观。同时，在确保体育动作正确的基础上，体育教师应努力使动作更轻松、更优美，以激发学生学习的积极性，并为学生熟练掌握技术动作营造良好的氛围。教育者的吸引力对于提升教育成效可以说非常明显，同时教学成效的提升也能促使教育者的态度与能力提升至美学层面。将教育者的情感体验与能力融入美学教育内容中，对教育者本身提出了更高的要求。

审美意识的培养，首先取决于教师对体育美学的熟悉程度，同时，教师应秉持客观的态度，审视这种有意识的美学体验是否在教学和训练过程中得到了充分的关注。孔子也说："知之者，不如好之者，好之者不如乐之者。"在体育教学中，教师需要选择兼具审美性的教学内容，并把握时机，以提高学生的学习效果，并使之变成学生掌握知识的重要工具。就体育舞蹈而言，当其以展现形体美的活动形式融入教育实践之际，美感元素必然会受到应有的关注。运动中蕴含了美的元素，它是一种令人愉悦的内在体验，同时是自觉性的审美意识的反映，可以被视为一种启蒙式的审美体验。

对学生而言，教师可以采用多种方式激发学生对体育的喜爱，如通过各种活动，以及通过从运动和体育的审美视角进行分析和讨论，从而加深他们对美学的理解，并提升他们在视觉上对运动和体育的审美体验。

可以说，体育教学就是一种健与美充分结合的教学。为实现身体的健康，教师在体育活动中应当着重培养学生对美的感受能力，推动学生更加高效地掌握技术要领，促使体质更加强健，同时形成健康向上的性格。为了激发学生对体育活动的兴趣，我们应确保不同身体部位的动作配合展现出优雅、大气且充满生机的姿态。作为体育教学工作者，他们要着力培育自身对于现实世界中美的感知力、鉴别力以及判断力；要深入挖掘各类美感现象背后潜藏的生理、心理与社会因素，以科学的眼光理解美。只有这样，他们才能在体育教育中融入高尚并且健康的美育，使下一代具备对于美的感知与情感，推动其进一步了解并热爱这个世界以及现今美好的生活。

第二节　高校体育教学的德育功能

道德教育在我国学校教育中占据了重要位置，对于学校的办学方向与学生的健康成长起着重要的作用。《中共中央关于进一步加强和改进学校德育工作的若干意见》中明确指出：为了推动多种学科课程与德育的相互融合，需要根据不同学科的特点采取相应的措施。各门课程的设计需要反映社会主义的办学方针以及高等教育整体进步发展的指导内涵。

一、体育教学与道德教育的关系

（一）道德教育的实现要以体育教学为主要途径

体育教学的根本目标是强化学生体质，推动学生身心健康发展，将学生培养成全面发展的社会主义建设者。由此可见，在体育教学中，道德教育是一个关键的组成部分。此外，体育教学采用了多样化的教学形式，具备多元性。它通过多种身体练习与活动来完成教学过程，整个过程的方方面面均渗透着道德教育，如此往往能获得事半功倍的教学效果。

（二）体育教学质量的提高在一定程度上得益于道德教育

体育教学不仅是道德教育的重要途径，还是提升体育教学水平的关键手段。这主要是因为，要想使学生积极主动地参与体育运动，教师必须让学生对于体育学习的结果有一定的认知和理解。道德教育能够使学生的思想认识水平有所提高，学习态度有所端正，对体育学习的认识进一步提高，等等，从而使他们在体育训练中能够克服困难、完成教学任务，进而使教学质量得到有效提高。

二、道德教育对体育教学的影响

对于体育教学来说，道德教育的主要作用反映在以下两个方面：

一方面，道德教育能够直接作用于学生的全面发展。道德教育理论与实践相结合的教学方式，有助于统一学生的身心活动、思维和动作、理论和实践，而且能够深化学生的信念，使学生的知、学、行之间的统一性得到强化与深化，由此充分统一学生体育运动的能力与思想意识，最终成为全面发展的优秀人才。

另一方面，当前社会与经济的不断发展以及文化的多元化，对学生的综合素质提出了更高的要求。同时，这也是学校教育工作的需要。学生时期是一个学生形成正确的世界观、人生观、价值观以及提高道德水平的关键时期，在这一阶段的体育教学中渗透道德教育，能将我国的优良品德传递给学生，使学生对他人、对社会都有积极的影响和贡献。

三、体育教学中德育的内容

（一）体育教学中德育的基本内容

就学校体育教学所承担的德育任务而言，学校教育的整体目标作出了相关规定。从德育内容的角度来分析，我们能把学校体育中的道德教育划分成两个层次：首先是民族精神、时代精神等组成的道德精神教育；其次是道德规范教育，这一层面能够整体地反映在纪律以及制度上，其紧密关联着人们对既定道德准则及规则下具体行为方式能否契合社会与群体认可标准的遵循情况，反映了个体行为与社会规范间的内在联系。

当前，政治教育、思想教育、法治教育、理想教育是学校体育中德育的主要内容，同时涵盖了狭义的道德教育、社会适应能力培养、非智力因素教育等。此外，一些学生还将心理教育与个性化素质培养视为其中的一部分。

通过教育使学生能够在知识、道德和行为上全面发展，从根本上培养他们良好的道德素养，是德育的主要目的所在。当下大学生德育工作应以理想信念为核心，开展世界观、人生观和价值观教育，培育民族精神与爱国情怀，强化公民道德规范教育，推进素质教育，引导学生勤学习、善创造、甘奉献，助力其成长为“四有”社会主义建设者。

在体育教学中，道德教育需要融入学校整体的道德内容体系中，涵盖学校德育的各个方面。总的来说，就是学校德育的内容应该得到特定的体现和映射，从而形成以爱国主义、集体主义和社会教育为核心的教育内容体系，这个内容体系相对稳定且持久。

具体来说，体育教学的内容体系应当涉及以下内容：

第一，马克思列宁主义、毛泽东思想、邓小平理论、“三个代表”重要思想、科学发展观、习近平新时代中国特色社会主义思想。

第二，爱国主义教育：中华民族爱国主义传统教育、中国近现代史教育、中国国情教育、热爱社会主义祖国教育、民族团结教育、国防教育和国家安全教育。

第三，党的路线方针政策和形势教育：党的基本路线教育、国内外形势与政策教育。

第四，民主、法治教育：社会主义民主教育、社会主义法治教育、纪律教育。

第五，人生观教育：人生价值观教育、人生理想教育、人生态度教育。

第六，道德品质教育：中华民族优良传统道德教育、社会主义道德教育、社会公德教育、职业道德教育。

第七，学风教育：学习目的教育、治学态度教育。

第八，劳动教育：劳动观念教育、劳动态度教育、热爱劳动人民教育。

第九，审美教育：审美观念教育、审美情趣教育、审美能力培养。

第十，心理健康教育：心理健康知识教育、个性心理品质教育、心理调适能力培养。

根据实际情况可知将德育内容牵强地或不完整地加入体育教学是不合适的。通过在体育教学中对道德教育的实际兼容性和可操作性进行研究，我们可以得出结论：学校体育并不适合承载所有类型的道德教育内容，换句话说，就是并不是所有道德内容教育均可同等重要地借助学校体育来顺利开展。

（二）体育教学中的隐性德育课程的功能

现阶段的体育教学通常会有针对性地开展部分隐性的德育课程，同时这些课程常常拥有重要的多元化功能，这些功能会在体育课程学习过程中促使学生主动调节自身的道德情感与品德行为。具体来说，在体育教学中，隐性德育课程发挥的功能主要体现在以下几个方面：

1. 价值导向与激励功能

价值导向与激励功能指的是学校在学生的道德成长方面给予积极的引导，并给予充分的激励，以促进学生的品德发展。这项功能主要反映在学校物质环境与学校精神文明两个方面。

第一，学校物质环境对学生的精神状态具有深远影响。根据苏霍姆林斯基的观点，学生在日常环境中所见到的一切事物都会对其心理产生影响。因此，在符合学生审美以及满足学生需求的前提下，教育者可以根据体育精神和道德要求对校园环境进行美化。比如，在体育场上张贴激励学生运动的海报，或者放置著名运动员的雕塑。

第二，学校精神文明建设。坚持不懈、勇于挑战自我极限的精神在学校各类体育运动与体育竞赛的举办中能够得到鲜明的展现，因此学校应多举办这类活动。同时，学生品德成长也受教师期望和公平公正的奖惩机制的重要影响。教师在评价学生时，应客观理性地认识学生，挖掘其个性特质，实施个别化教学，助力学生全面发展。

2. 陶冶熏陶功能

陶冶熏陶功能指的是通过营造有教育意义的情境氛围，潜移默化地影响受教育者。从心理学角度来看，情感常常在某些特定的环境中生成。对周围世界的审美感受力，是陶冶学生情操、提升其品质的关键。美丽的校园环境、高雅的艺术作品，都能让学生感受到世界的善良与美好，从而培养他们的同情心，让他们自觉向善，不做坏事。

体育教学中的隐性德育课程，可为学生营造有助于内化的情感氛围，创设能让人深度体悟的现实情境。要想实现隐性德育就需要利用特定的途径。具体来讲，实现途径主要由以下三方面组成：

第一，学校的物质环境会对学生产生重要影响。体育场馆的布置、建筑的分布，以及运动训练场所与活动休息区的规划，均可以唤醒学生对于美的追求与向往之情。精心设计的绿化景观可以激发学生对于生活与自然的喜爱之情，同时可以起到舒缓心灵、愉悦心境的作用。

第二，体育教师的个人品质会对学生产生重要影响。在学习过程中，模仿是一种重要的方法，在学校期间，教师是学生最经常接触到的成年人。教师就像是一面镜子，能够反映生活中的是与非、善与恶、美与丑等各个方面。教师的个人品质不仅会影响其威信和与学生的关系，还会间接塑造学生的个人品质。

第三，教师可以通过教学熏陶学生。教师在教学过程中会采用独特的、艺术化的教学方法与模式，展现出个性化和艺术化的特点，同时优雅地运用肢体语言等，这不仅能让教学效果得到有效改善，还能激发学生自觉参与体育运动的热情，而且有利于端正学生的学习态度，促使其更加热爱学习。

塑造校园氛围不仅仅是营造心理环境那么简单，它更是一种文化氛围的培育。这种氛围有利于促进学生的心理健康，对学生的全面发展有较大的益处。在体育课堂中，这种氛围的营造可以培养学生的团结合作精神，并激励其拼搏向上。当师生共同参与其中，又会帮助学生进一步坚定自己的理想信念，并且实现知行合一。

高校的人际交往环境具有一定的特殊性，高校的学生和教师普遍具有较和谐的师生关系，而且学生更加志同道合，能够互相帮助，因此高校学生对于高校有较强的认同感和归属感，同时高校舒适、温馨、和谐的校园环境也非常有利于学生的身心健康。高校还具备更加突出的体育氛围，学校常规的体育锻炼，如晨跑等，不仅锻炼了学生的身体，更培养了他们勇于挑战困难且坚持不放弃的优秀品质，激发了他们追求卓越的精神。

3. 行为规范和道德自律功能

在体育教学中，隐性德育课程对学生道德行为的规范与约束具有显著作用，学生很容易受教师的约束、期望和暗示的影响而采取各种行动，从而让隐性德育课程内在地驱动学生行为。这种方式能使学生感受到道德主体身份，且得到充分的尊重，进而自主地根据规章制度对自身行为进行规范。当学生处于积极进取的群体氛围中时，就会逐步克服懒惰和懈怠；而当别的学生均在坚持的时候，个体自然也就不会轻易言败。对于学生的不良品质和不良行为来说，积极健康的群体氛围比有形规章的约束力更大。

人的道德发展是从依赖他人的规范逐渐发展到自我内化的过程。虽然高校学生的身体发育趋于成熟，但其心理发展仍具有较大的潜力。通过教师的情感表达、师生互动以及教育氛围的营造，隐性德育课程会对学生产生一定程度的影响，促使他们自发地对自身认知进行转换，并规范自己的行为。例如，体育教师可以通过多样化的课堂活动使课堂氛围更加民主、和谐，使学生能够自由表达自己的想法，这种积极的道德氛围将有助于学生道德水平的提高。

四、体育教学中进行德育的方法

就体育教学对德育的重要性来说，重中之重是可以丰富并深化学生的德育情感体验。体育教师在体育教学中进行德育的时候，应采用多样的教学方法，积极引导学生深化自我思想认识、有效培养学生的品德。详细来说，体育教学中实施德育的常见方法如下：

（一）示范法

教师是学生学业与道德的典范，他们的举止、态度和为人处世，都在悄然影响着学生。因此，在教育过程中，教师应该展现高尚的品质和道德准则，无私地奉献自己，坚定正确的价值观，教学态度严谨，行为举止有着良好的风范，从而为学生树立榜样，在潜移默化中进行思想品德的教育。

（二）诱导启迪法

基于多样的教材内容和学生的一些积极情况，体育教师应进行细致周密的思考，深入考察其中更深入的道德培养因素，并进行特定的加工处理。此外，教师应起到引导学生与启发学生的积极影响，结合学生学习生活提出与分析问题，使学生形成道德认同。

（三）表扬与批评法

“这是德育中常用的一对方法。一般以表扬为主，以批评为辅。但两者相反相成，缺一不可。表扬不可滥，批评不可无。运用之妙，在于适当，符合实际。”[①]在体育教学中，口头表扬是主要的肯定方式，并且需要找准时机。这不仅是对个体的赞扬，同时也会对班级中的其他学生产生积极影响。

（四）评比奖励方法

在体育班级中，教师常常借助制定与德育有关的一些奖评机制，对课堂上有着良好思想行为的学生进行评价，并给予奖励，通过这种方法，实现引导与促进的目的，从而取得良好的教育成果。教师可以设立多种奖项，如“最佳小组奖”等。评奖可以在规定的时间进行，如学期中评奖或学期末总评奖，评奖方式可以依据学生喜好进行设立，获奖同学的成绩计入日常成绩。建立评奖制度常常能够激励学生持续进步，不仅对学生个体发展具有深远意义，同时能够在班级中树立供学生学习的良好榜样，这样有助于所有学生都形成良好的品德修养。

---

① 李晓艳，高校公共体育教学中德育研究 [D]. 北京：北京体育大学，2010.

（五）组合法

为了促进学生思想素质的提高，教师可以采取组合法，按照学生的实际水平和技术程度，将其科学地分为不同的小组。这样就能够组建一个成员相对稳定、各个小组之间实力基本持平的团体。这种分组方式有助于激发各个小组之间的获胜心，让学生在练习中更加主动，而且通过小组活动还可以激发学生的团结合作精神，有利于促进学生之间互帮互助，深化他们的集体主义精神，进而使其在互相学习中实现更好的发展。

（六）设置困难法

在体育教学过程中，练习不仅是身体锻炼的过程，也是心理调适和改善的过程。教师不断调整练习的难度和形式，有助于培养学生的毅力和坚韧不拔的品质。困难设置的原则是：根据学生的实际水平设定相匹配的难度，从开始到结束都应该依照逐步递进的原则，并且确保难度在学生刻苦锻炼之后可以克服的范围内。

五、体育教学中德育实现的途径

在培养学生的道德品质方面，教师应以学生的道德教育目标为主要准则，并与大学生作为独立思考者的身份有机结合。体育与道德教育的融合需要通过适当的方式和方法，以确保师生之间的默契合作，从而有效实施体育中的道德教育工作，积极促进学生综合素质的提升。具体来说，体育教学中实现德育的途径主要有以下几个方面：

（一）全面提升师资队伍的专业水平，更好地教书育人

教师的品德与道德觉悟对于他们的教学执着程度、教育质量和学生学习效果具有直接且重要的影响。教师的职业操守是决定其教育水平的关键因素，而教育水平又是决定教育质量的重要因素。一位道德高尚、具备人格魅力的教师在教学过程中不仅传授知识，同时也会对学生的思想品质产生积极的塑造作用。教师一定要将以下几方面作为着手点，从而实现自我完善的目标：

1. 教师应具备较高的道德素养

教师需要加强综合修养，包括理论知识、道德情操等方面，这有利于提高教师的魅力和专业能力。要达成这一点，教师须保持政策认知的准确性，同时应该心系国家的发展、社会的进步以及学生的全面发展，积极承担起自己教书育人和引导学生形成正确价值观的责任。体育教学中教师更应践行这一职责，以身作则，

积极引领学生了解并践行马克思主义观点及正确理念，以推动德育教育的不断发展。

2. 教师应树立“关爱每一位学生”的思想

“关爱每一位学生”不应是口头上的空话，而应是教师实际行动的指导原则，其中有着丰富的内涵和意义。一方面，关心照顾学生是教师使命感和责任感的体现，也是全体教师共同追求的目标。体育教师应依托体育教学的实践平台，积极与学生互动，筑牢情感根基。教师要时刻坚守“尊重学生”的信念，热情地融入学生群体中，了解学生的心理特点以及学习状况，通过各种方式提升亲和力，拉近与学生之间的距离，为学生的成长成才保驾护航。另一方面，体育教师还要特别关注那些相对弱势的学生群体。体育教师应该注重教学的公平和公正，给予那些表现相对差一些的学生同样的关注，努力发掘他们的优点，并给予他们认可和鼓励。这样的做法不仅有助于营造和谐的教学氛围，更有利于教学目标的顺利实现。

3. 体育教师要熟练掌握教书育人的本领

作为体育教师，主动学习和持续进修是不可或缺的。除了具备高超的体育技术和较强的教学能力外，体育教师还要精通提升学生综合素质的方法。首先，体育教师需要建立整体教学观，在教学过程中除了教授运动技能和锻炼学生身体外，还需要构建一个整体的知识框架，以丰富体育教育的内涵和拓展体育教育的边界，从而更好地将学生培养成社会所需要的人才。其次，体育教师需要对有关教育教学的规律进行深入研究。由于教学对象具有较大的差异，且处于不断变化之中，因此教师应当根据教学规律灵活调整自己的教学活动和内容，以满足不同学生的个性化需求，推动教学目标顺利达成。

4. 体育教师要做到明德任责、爱岗敬业

教师优良的治学作风对学生有着重要影响，不仅有助于营造良好的教育环境，而且对学生的思想认知和道德感悟起着关键作用，既能够给予学生鼓励，又能够适时地鞭策他们。作为课堂德育的补充，体育教学中的德育也是一种隐性教育，可以有效地提高学生的道德修养。体育教师只有具备较强的敬业精神，热爱自己的工作，才能更好地培养学生，调动其学习积极性，使其实现全面发展。如果教师在教学中敷衍了事，只将教学当成自己必须完成的任务，那么学生受其影响，也会在学业上懈怠。

（二）与更加丰富多样的德育内容结合起来，更好地培养学生的道德品质

道德品质是个人在遵循社会规范和道德准则时所展现出的稳定个性，它映射

出社会道德在个体生活中的具体表现。一般来说，道德品质含有三个方面，依次为道德观念、情感和行为。进一步阐述，道德品质指的是对社会生活中许多事物相关价值的判断，包括是与非、善与恶、好与坏、美与丑，以及人与人、个体与集体间的行为规范。学生良好道德品质的养成并不是一蹴而就的，教师需要耐心、认真地关注学生的每一个成长阶段。体育教师作为学生成长道路上的引导者，必须适时创造空间并促进学生进行自主学习，绝不能忽视学生内心需求及情感体验的重要性。在这个过程中，教师应采取多样化的教学方法，创造一个轻松的学习环境，将学生的学习主动性充分调动。在体育课上，应着重培养学生的人际交往能力，让他们在运动中学会协调个体与集体、主动与被动的关系。这是体育教育融入德育的关键所在。在教学中，教师的核心任务是培养学生成为有目标、有行动力，并且在品德和能力上都优秀的人。基于此，在体育课上，教师应对学生的行为表现进行认真观察，以了解每位学生的实际情况，并根据德育规律开展更适合他们的体育教学。

（三）使管理机制更加完善，将科学的学习制度建立起来

为了保证德育能够顺利、有序地融入课堂教学中，学校需要根据实际情况建立健全相应的管理体制和激励制度，以规范和引导体育教师的教学活动。此外，在教师年度岗位考核的内容中加入德育，这是评定教师工作绩效、工作能力、工作态度和道德的重要方面。通过评价制度，帮助体育教师有目的、有针对性地对德育渗透的相关问题进行深入思考和研究，以实现教学的平衡和学生道德素养的不断提高。此外，学校还要开展相应的培训，提高体育教师的德育能力。体育教师自身还需要积极研究并推进体育教学与德育教研活动的融合，深化自身教书育人的理想信念，树立“三育人”意识。

第三节　高校体育教学的智育功能

一般来说，智力因素主要包含观察力、注意力、想象力、思维力以及记忆力，而体育锻炼对学生上述能力的培养具有突出作用。详细来说，体育教学的智育功能主要反映在以下几个方面：

一、培养和发展学生的观察力

体育教学对于学生的发展具有广泛而深远的影响，其中之一就是培养和发展

学生的观察力。当代体育活动的类别、形式和范畴发展愈发迅速，对学生提出的要求也越来越复杂，学生只有具备足够敏锐的观察力才能适应本学科的发展。观察力是指人们通过感官对外界事物进行细致、深入观察和分析的能力。体育教学在身体活动中融入丰富的信息和情境，为学生提供了许多观察和认知的机会，从而促进了他们观察力的培养和发展。

不难发现，各种体育教学活动其实提供了大量的视觉观察机会。例如，在足球比赛中，学生需要观察队友和对手之间的跑位、传球的准确性以及进球时的射门角度等。通过不断观察，学生可以对运动的规律有更深入的认识，并快速准确地做出反应。体育教学注重听觉观察的培养，体育活动中的声音和音频信息也是培养学生观察力的重要资料。例如，在篮球比赛中，学生需要听清队友之间的沟通和指令，从而做出相应的动作。在击剑比赛中，学生需要通过听到对手剑的声音来判断其攻击方向。通过训练和实践，学生可以提高对环境声音的敏感度，并准确地分辨和理解其中的信息。

体育教学还通过触觉观察促进学生观察力的培养。例如，在篮球比赛中，学生需要通过触觉感知球的质地和重量，从而准确地控制球的传递和投篮的力度。在游泳比赛中，学生需要通过触觉感知水的流动和阻力，从而调整游泳的速度和姿势。通过触觉观察的训练，学生可以提高对物体性质和环境变化的感知能力，更好地适应各种环境。此外，体育教学也注重培养学生的空间观察力。在体育活动中，学生需要不断观察和感知自己身体在空间中的位置、方向和运动轨迹。例如，在足球比赛中，学生需要观察和预判球的落点和自己与对手的相对位置，以便做出正确的判断和动作。在跳高比赛中，学生需要观察杆的高度和自己的起跳位置，从而调整起跳的力度和角度。通过空间观察的训练，学生可以提高对空间关系和位置变化的感知能力，更好地应对复杂的运动任务。

教师在锻炼学生的观察力时，可以在体育教学活动中采用示范法（遵循由简到繁的原则，设计一些徒手练习活动让学生模仿）、挂图法、电教法等手段。其间，教师应提醒学生留心观察，及时发现不同学生个体观察力的差距，并对此进行有针对性的调整。

除了以上几个方面，体育教学还通过培养和发展学生的注意力和集中力，进一步提升他们的观察力。在体育活动中，学生需要时刻保持专注，以便观察和理解各种细节和变化。例如，在乒乓球比赛中，学生需要通过集中注意力观察对手挥拍的姿势和击球的力度，以便迅速做出反应。在田径比赛中，学生需要通过细心观察裁判员的信号和计时器上的数字，确保自己以最佳状态参赛。通过训练，学生可以提高注意力的稳定性和专注力的持久性，进而提高观察力。体育教学在培养和发展学生的观察力方面具有重要的作用。通过丰富的视觉、听觉、触觉和空间观察，以及对注意力和集中力的培养，体育教学能够帮助学生提高对外界事物的观察能力和理解能力。这种观察力的培养不仅在体育领域中有着重要价值，也对学生的学习能力和综合素质发展具有积极影响。因此，体育教学应该被视为学校教育体系中不可或缺的一部分，以促进学生整体素质的提升。

二、培养和提升学生的想象力

体育教学对学生想象力的提升有着重要且积极的影响。想象力是指我们能够创造、构思和形成心智图像的能力，它可以激发创造力、提高问题解决能力以及培养学生的创新精神。学生在体育教学过程中，虽然表面上是在模仿教师的动作，但其实这个过程无法脱离想象力。学生正是依靠想象力记忆、掌握各种复杂的连贯动作。具体到体育运动实施中，足球运动员如果失去了想象力，就很难冷静地分析场上的局势，并精准射门；篮球运动员如果失去了想象力，就很难想出突破对手严密防守、及时反攻的策略。因此，在体育课堂上，学生的所有行为都隐含着特定的心理活动与思维习惯，教师应细致地观察学生的课堂行为，充分了解和尊重学生的个体差异，使教学体现自主、合作、探究的原则，最大程度地释放学生的创新能力。

体育教学通过身体活动和情境创设，为学生提供了丰富的体验和互动机会，从而促进了他们想象力的发展。

体育教学能够通过身体感知、运动体验、情境创设和角色扮演，激发学生的感性想象力和情感想象力。在体育活动中，学生可以通过身体感知和实际操作来体验各种动作、姿势和力量的变化。例如，当学生在篮球比赛中进行灵活的运球和变向运动时，他们可以想象自己成为优秀的篮球运动员，迅速穿过对手的防守并得分；在健身操课程中，学生可以通过模仿舞蹈动作和节奏，想象自己成为优雅的舞者或者有活力的表演者。这些身体感知和运动体验为学生提供了直观的感受，激发了学生的内在想象力，鼓励他们创造和探索更多可能性。教师可以设计不同的场景和角色扮演，让学生在虚拟的情境中进行体验和表现。例如，在足球训练中，教师可以创造一个团队合作的比赛情境，让学生扮演不同的角色，如队长、教练或裁判员，从而激发他们对团队合作和领导力的想象；在柔道课程中，学生可以模拟实际的自卫场景，想象自己成为勇敢的战士，并学习如何应对各种挑战。通过情境创设和角色扮演，学生能够培养情感想象力，进一步理解自己和他人的情感体验，提高情绪管理和沟通能力。

体育教学还通过引导思考和解决问题的方式，培养学生的概念想象力。在体育活动中，学生会面临各种挑战，这就需要学生运用自己的想象力和创新思维来解决。例如，在攀岩课程中，学生需要想象并设计最佳的攀登路线，克服困难和挑战；在团队拼图游戏中，学生需要根据拼图的形状和颜色进行推理和组合，培养空间想象力和逻辑思维。通过这样的思考和解决问题的方式，学生能够培养抽象思维和创造性思维，从而提高概念想象力和创新能力。借助艺术表达和创造性活动，体育教学还可以拓展学生的审美想象力。在体育活动中，学生可以通过舞蹈、体操和花样滑冰等形式的艺术表达，发挥自己的想象力和创造力。例如，在舞蹈课程中，学生可以通过编排和表演舞蹈动作，用身体语言传递情感和故事，展现个人风采和创意；在花样滑冰比赛中，学生可以通过设计精美的跳跃和旋转动作，展示优雅和动感的冰上舞蹈。通过艺术表达和创造性活动，学生能够培养审美意识、想象力和创作能力，锻炼艺术表达和创造性思维。

三、开发学生的思维力

体育教学能够培养学生的逻辑思维和解决问题的能力。在进行各种体育运动时，学生需要根据局势和规则做出反应和决策。例如，在篮球比赛中，学生需要在短时间内判断对手的位置和动作，然后迅速做出传球或投篮的决策。这要求学生具备敏捷的反应能力和准确的判断能力，有助于培养他们的逻辑思维。有关研究结果证实，人的思维会在运动实践中直接影响动作。因为体育运动的强度和频率极高，思维活动也必须高速运转，以在几秒钟的时间内分析现状、给出对策。在进行体育运动时，学生可能会面临各种挑战和问题，例如如何克服困难、调整策略、改进技术等。这些问题需要学生运用自己的知识和经验，进行分析和推理，并找到解决问题的方法。通过解决这些问题，学生能够培养批判性思维和创新思维，提高问题解决能力。

体育教学能够培养学生的团队合作意识和沟通能力。在进行团体体育项目时，学生之间需要互帮互助，共同实现目标。他们需要相互配合、协调行动，通过沟通和交流来实现共同的目标。这要求学生具备良好的沟通技巧和团队合作意识，有助于培养他们的沟通能力和人际交往能力。在参与高难度的体育活动时，学生可能会遇到困难和挫折，如技术不够熟练、体能不足等。通过坚持不懈的努力和自我调节，学生可以逐步克服困难，提高自己的水平。这种艰苦的训练过程能够增强学生的心理素质，有利于他们更好地应对未来的各项挑战。

体育教学还能培养学生的创造力和想象力。在进行体育活动时，学生有机会运用自己的想象力创造出各种独特的动作和技巧。例如，在体操训练中，学生可以发挥创造力，在规定的动作基础上加入自己的个性化表现；在舞蹈比赛中，学生可以设计独特的舞蹈动作和编排，展示自己的艺术才华。这些创造性的活动能够培养学生的创新思维和想象力，激发他们对自由创作的热情。

四、发展学生的注意力

体育活动通常需要学生集中精力参与。无论是球类运动、跳绳、游泳还是参加其他体育项目，学生都需要全神贯注地关注自己的动作、技术和战术策略。这种集中注意力的需求可以帮助学生训练他们的专注力、注意力、控制力。在体育课上，学生可以通过实际操作、互动和竞技来学习。这种身体活动的参与有助于刺激学生的大脑，提升学习的效果。同时，体育教学也提供了一种放松和解压的途径，使学生能够释放紧张情绪，重新调整注意力和精神状态。

体育活动具有很强的情感吸引力和趣味性。通过参与体育运动，学生可以感受到成功、挫折、团队合作和个人成长等各种情感体验。这些情感体验能够引起学生的积极情绪和兴趣，进而增强他们对体育活动的关注和投入。在这个过程中，学生会发现他们可以通过努力和坚持获得成果，从而更加专注于体育教学。为了在体育活动中表现出色，学生需要积极制定目标和计划，并自我约束，以保证他们的行动符合预期。这种自我管理的过程需要学生不断调整自己的注意力，关注重要的事物，放弃干扰和无关紧要的因素。通过培养自我管理能力，学生的注意力和专注力也得到了锻炼和提升。

当学生参加短跑比赛时，他们需要通过耳朵时刻注意宣告比赛开始的声响，并立即做出起跑反应；当学生参加排球比赛时，接球的一方队员需要时刻注意来球的飞行路线，并对落点进行快速且精准的判断；当学生参加足球比赛时，防守队员应该时刻根据球的所在位置关注是谁在控制足球。对于进攻队员对对方队员的意图和想法，本方队员在跑位与配合过程中应当时刻关注，同时随时准备做出相应的反应。由此可见，在各种各样的体育运动中，学生都能有效培养与锻炼注意力的集中与分配，以及注意力的广度与转移。

五、增强学生的记忆力

在头脑中再现已经历事物的能力即记忆力。研究发现，人类的脑容积很大，美国国会图书馆的全部图书也只占人类脑容积的五分之一。因此，每个人都具备强大的记忆潜力。在智育方面，体育教学的影响是潜移默化的，通常不能立刻且直接作用于学生，但是，在消除大脑疲劳和提高学习效率方面，体育运动会起到积极的促进作用，而且效果立竿见影。

首先，体育活动中包含许多全身性的运动，能够促进大脑的血液循环和氧气供应，提升神经元的活跃度。当学生参与体育运动时，身体的运动会释放多巴胺、血清素等神经递质，这些物质对于改善学习和记忆功能起到重要的调节作用。此外，体育锻炼还能够促进新陈代谢、消除疲劳、提高学习效率，从而提升学生的学习能力和记忆能力。其次，体育教学中的训练和技巧比赛等需要学生不断地记忆和运用相关的规则、战术和技巧。无论是进行篮球、足球、乒乓球等团体项目，还是进行游泳、跑步等个人项目，学生均需要记住和运用各种动作和策略。这种通过实践和反复训练来巩固记忆的过程，可以帮助学生提高记忆能力，并将其运用到实际的比赛和训练中。

体育教学可以通过建立情感联系来加强学生的记忆力。参与体育活动还是一种情感体验和社交互动的方式。在体育教学中，学生会与教师和同学进行合作、交流和互动，感受到团队精神和友谊之美。这种积极的情感体验能够激发学生情绪上的愉悦感，从而有助于加强信息在大脑内的编码和储存过程，提升学生的记忆力。体育教学还可以通过创造美好的学习环境来增强学生的记忆力。在体育课上，学生可以亲近大自然，呼吸新鲜空气，享受阳光和风的洗礼，这种自然环境对学生的身心健康和学习效果有非常正面的影响。同时，体育教学可以通过有趣的教学内容和多样的教学方法，激发学生的学习兴趣，使学生能自觉主动地进行学习。这种积极参与和投入的状态有利于促进记忆力的发展。

此外，体育教学还可以通过游戏化的方式来增强学生的记忆力。在体育课上，教师可以设计各种有趣的游戏和活动，让学生在快乐的氛围中参与其中。这种游戏化的学习方式能够激发学生的学习兴趣和动力，提高他们的注意力和记忆力。通过在游戏中不断重复和强化相关的知识和技能，学生的记忆能力将得到有效的提升。

第四节 高校体育教学与人的社会化

一、人的社会化概述

对于社会的生存与发展来说，人的社会化起着非常重要且深远的影响。关于人的社会化，尽管有不少学者都对此有过研究，但是在研究角度和重点方面还没有形成统一。对于人的社会化，简单来说，就是通过教化使一个“自然人”转变为“社会人”。

二、体育教学对人的社会化的影响

（一）体育教学对生活技能的掌握起促进作用

一般来说，人们常说的生活技能就是人们劳动生产的技能和打理日常事务的技能。处于不同的发展阶段时，人们学习与掌握生活技能的侧重点往往存在着很大不同。由于身体练习是体育教学的基本手段和生活技能学习的途径，所以在学生生活技能的掌握方面，体育教学发挥着重要的作用。而且，通过上体育课，学生也能提高自己的身体素养，并掌握各种专业技能，所以体育教学也能为学生掌握更多生活技能打下坚实基础。

（二）体育教学有利于社会文化的学习和掌握

社会文化的核心是由两部分构成的，即社会规范和价值体系。其中，社会规范主要表现为法律规范、道德规范、风俗习惯、宗教戒律以及各种各样的生活规则、条例、制度等。如今的体育教学，即培养学生掌握体育技能的教学，通常情况下，各种体育游戏与运动项目是体育教学的载体。在学生学习社会文化时，体育游戏发挥着不可替代的作用。有学者做出过这样的论述：“体育游戏独具价值的规则，使得青少年在游戏中初步认识了规则，养成遵守规则的习惯，并加深了对社会约束力的理解。而这种体验，则在一定程度上迁移和反映到现实生活中，直接或潜移默化地影响他们在现实生活中对社会行为规范的意识，缩短对社会行为规范掌握的过程，并转化为实际行为，形成习惯，造成行为的社会定式。”[①]

① 陈彦，赵丽光．高校体育教学与人的社会化问题的分析 [J]. 沈阳体育学院学报，2003（2）：32-34.

除此之外，体育教学对价值体系形成具有极为关键的作用，具体反映是：与单纯学习体育游戏或运动项目相比，体育教学能更加有效地帮助学生构建系统的文化知识，有利于学生智能的发展，同时有利于促进学生根据主流价值观形成自身的道德品质和三观。此外，体育教学对学生学习社会规范有着更加积极的作用。

（三）体育教学是培养社会角色的有效途径

在社会生活中，每个人都要扮演不同的社会角色，这也对人的社会化起到了一定的促进作用。角色学习包括的内容有很多，其中最主要的有与角色相关的权利义务的学习，适合于角色的态度、情感、愿望及角色变迁的学习等。

体育教学对社会角色培养的特殊意义体现在两个方面：一方面，在体育教学中，学生可能需要扮演各种各样的角色，如运动员、裁判员以及教练员等。学生在扮演不同角色的教学过程中，发挥积极推动作用的是学生对角色任务的了解、对角色多样性与稳定性的认识、扮演角色过程中技能锻炼情况、对角色持有的态度和情感、心理习惯与社会习惯的培养等。另一方面，体育教学具有通过教师的示范和学生的模仿来完成教学的显著特点，学生的这种模仿学习的方式对于课堂上所有的教学内容都适用，所以学生通过亲身感受在教学中模仿与扮演角色的种种体验，能够进一步增强自己的社会意识和集体意识，从而明确自己的社会角色及相应的责任，进而提升自身的能力。

（四）体育教学对学生良好个性的形成非常有利

通常情况下，有两方面因素会影响学生个性的形成，即遗传生物因素和包括家庭、学校、社会实践等在内的社会环境因素。体育教学能够有效促使学生形成良好个性。在体育教学中，身体直接参与和反复练习的知识学习方式，再加上开放性强、时空转换机会多、学生间互动机会充足，学生通常能够取得理想的学习效果。体育教学对学生形成学习自主性，培养学生优良意志品质、集体主义精神有十分显著的推动作用。

第五章 高校体育教学的育人路径

本章内容为高校体育教学的育人路径，阐述了优化体育教学组织以实现育人功能、以科学的教学理念实现育人功能、改革体育教学方法以实现育人功能。

第一节 优化体育教学组织以实现育人功能

一、体育教学组织的基本知识

（一）体育教学组织的概念

体育教学组织是体育教学活动的核心结构，展现了师生之间互动的形式，这种互动是在程序、人员以及时空关系上的有序组织。在体育教学的过程中，教师通过采用合适的体育教学组织，可以更顺利地实现教学目标。此外，体育教学组织还能为各种教学方法和手段提供实施的平台，从而有利于提高学生的学习兴趣。

（二）体育教学组织的基本形式

教学目标的顺利实现有赖于合理的体育教学组织形式，同时体育教师只有采用合适的体育教学组织形式，才能更好地根据教学实际灵活选用各种教学方法和手段。体育教学组织形式处于动态的发展变化之中，其改变总是同体育教学方法的改革乃至整个教学体系的改革紧密联系的。

1. 集体教学

（1）班级授课制

①班级授课制的概念

班级授课制，即对整个班级进行集体教学的组织形式。在班级授课制下，教师需要按照教学时间表向一定数量的学生教授规定的教学内容，并保证教学进度符合学校要求。课堂教学，即班级授课制的又一常用名称，具有五个“固定”的特点：一是学生固定。每个班级一般有30～50名学生，他们的年龄、体育基础、文化程度都是相似的。二是教师固定。一般由同一名体育教师对同一班级进行教学，每个班的体育教学全权由一名体育教师组织进行。三是内容固定。每个班的每个学生学的都是同样的内容，且教学内容符合课程标准和教材的规定。四是时间固定。体育教学的教学日历和作息时间表是统一固定的。五是场所固定。有相对固定的运动场地或场所。

②班级授课制的优越性

班级授课制的优越性在于能够对多名学生进行集体统一教学，保证学习活动循序渐进，加强教学管理，促进学生彼此互相观摩、启发、切磋、评价，有助于学生综合素养的提高。班级授课制不仅能比较全面地保证学生获得系统的体育与健康知识、技能和方法，促进身体素质的发展，提高运动能力，也能保证对学生产生多方位的非智力因素的积极影响。

（2）分组教学制

①分组教学制的概念

分组教学，即将全体学生按照不同学习成绩或体育运动能力分为各个小组，使学生以小组的形式展开学习活动的组织形式。在体育教学中，一般可以采用以下分组形式：

A. 性别分组。由于成年男女身体素质差异较大，所以针对某些运动项目，教师需要按照性别分组进行教学。

B. 帮教型分组。成绩好以及身体素质好的学生帮助基础较差的学生提高学习成绩或者完成某项体育项目，并结成小组。

C. 同质分组。这是体育教学中常用的分组方式，即将同水平的学生分到一个小组。

D. 兴趣分组。体育教师根据教学内容给学生提供几种可选择的课上练习内容，同一组的学生都有相同的兴趣爱好。这种分组适用于男女合班教学，且教学内容、教学目标有着明显的性别差异，有利于培养学生的特长和体育锻炼习惯，发展个性，尤其适用于有一定基础的高年级学生及毕业班。

E. 友伴型分组。在体育课分组教学中，友伴型分组即体育教师安排平日较为亲近的学生共同练习。这种分组方式有利于提高教学和学习效率，从而有利于教学目标的顺利实现。

F. 异质分组。基于某种考虑将不同水平的学生分成一组，或根据某种特别需要，将不同体能和运动技能水平的学生安排在不同的组内，从而缩小各小组之间的差距，以利于开展游戏和竞赛活动。

2. 个别教学

个别教学是体育教学组织的基本形式之一，其优点是教师可根据每个人的能力和特点进行不同的教学指导，纠正个别学生在技术掌握上的个性错误。由于每个人的兴趣、爱好不同，在体育组织教学形式中个别差异是普遍存在的。随着现代教学理论的突破和教学实践的探索，体育教学个别化的趋势日益强烈。个别教学能充分照顾到每一个学生的不同情况和特点，使学生按自己的实际情况自我学习、自我发展。

（三）体育教学组织的基本过程

1. 体育课的准备

（1）钻研教材，设计教法

在体育教学中，教材作为指南，其内容和深度直接影响着一堂课的教学质量，而组织教法则直接决定了一堂课是否能顺利进行并取得预期的效果。因此，为了提高教学质量，体育教师需要对教法进行深入的研究和分析。体育教师还需要对课程标准和教材进行深入钻研，明确教材的意义、任务、特点、内容、要求，不断总结教学经验。体育教师设计的教法要灵活，手段要多样，进而让每个学生有充分发挥自己特长的机会，从而体验到获得成功的喜悦。

（2）了解学生，准备场地器材

教学的最终目标是每个学生都能够获得真正的提升与成长。这需要教师全方位地了解学生，包括他们的年龄阶段、心理状况、兴趣爱好、身体健康情况、体育技能基础等各方面因素。这是因为每个学生都是独一无二的个体，他们的性格特点、行为习惯以及学习习惯都有所不同。教师应该因材施教，根据每个学生的特点和需求制定相应的教学策略。例如，对于那些性格内向、胆小害羞的学生，教师应当给予更多的鼓励和赞美，使他们敢于表现自己，热爱学习；而对于那些活泼好动、喜欢表现且较为浮躁的学生，教师则应当给予适当的引导和挑战，让他们在体育活动中可以专注锻炼自己并发挥自己的特长。

（3）编写体育教学设计

教学设计的编写是体育课准备的必备环节，主要从教学时间、教学对象、教学内容、教学目标、教学过程和时间安排、教法和学法、练习次数和时间、场地器材的规划、运动负荷的预计等方面着手。

（4）预计体育课的实施效果

对于课程的效果预评，应遵循定量和定性指标相结合的原则。定量指标主要包括课的最高心率、平均心率、练习密度等方面，定性指标以学生的情感、态度、交往等方面为主要指标。

（5）安全措施的规划

安全措施的规划永远是体育教学中不可忽视的要素。在体育教学中，无论是进行常规的体育教学还是器械类教学，教师都应高度重视安全教育规划。特别是在使用器械进行教学时，安全措施的规划和执行必须细致周到，确保每一步教学都在安全的环境中进行。

2. 体育课的实施

（1）有明确的发展体能、技能的目标

发展体能、重视运动负荷是体育课教学的关键问题。良好的力量、耐力、速度、柔韧性、平衡性、协调性等身体素质，不仅是青少年健康成长的重要方面，而且是提高学生体育基本技术水平和运动能力的基础。发展体能和提高运动技能水平是相互促进、相互制约的关系，有时只有具备了一定的体能素质才能掌握和完成某项技术动作，而某些技术动作的反复练习过程也能够发展相应的体能素质。为了提高兴趣和教学效率，教师应尽量避免过多使用单一、专门的体能练习手段来提高学生的体能。

（2）有科学正确、时效性强的教学内容

在新的社会历史条件下，体育教师要树立发展、开放的教材观。教师不能将教材的内容原封不动地“硬塞”给学生，而是要不断学习现代教育教学理论，结合学生的发展水平，把握教材、使用教材，优化教学内容，促进教学内容的现代化。教师要摒弃某些比较陈旧的、不符合学生身心发展的体育项目，增加具有较强时代感、青少年喜闻乐见的体育项目，如跆拳道、街舞等，以提高学生的兴趣和参与热情。

（3）合理分配体育课的时间

体育课时间分配的合理性主要依赖于两个因素：一是教师在教学中实际所用的时间是否充分，二是学生专注的时间量。在体育教学中，合理分配时间表现在：培养学生的时间意识和高效利用时间的观念；体育教学活动最大程度地指向教学内容；将更多的时间花费在与教学内容相关的师生互动的过程中；制订周密合理的教学计划，防止体育教学突发事件的发生或恰当、及时地处理各种突发事件，将突发事件耽误的时间减少到最低限度；经常评价体育教学时间的利用情况，分析时间浪费的原因，总结经验，减少时间浪费的发生概率。

3. 体育课的评价

体育课的评价是体育教学组织过程的最后一个环节，其目的是及时发现体育教学过程中存在的问题，以发挥评价的反馈、激励、教学等功能。体育课的评价主要包括教学设计的评价、教师教的评价及学生学的评价，当前呈现出评价主体多元化、评价内容多样化的趋势。

（四）体育教学组织形式的发展趋势

1. 班级授课制仍是基本组织形式

班级授课制自创立到运用已有数百年历史，虽屡遭批评，但尚无其他形式能完全取代。班级授课制教学效率高，有利于学生之间互相学习、交流情感，还有利于培养团结协作的集体精神及健康个性品质。班级授课制在不断完善与更新及同其他体育教学组织形式相结合的过程中，仍显示出强大的生命力，仍是体育教学的基本组织形式。

2. 班级教学规模小型化

世界各国教育中最常用的组织形式即班级教学。在班级教学中，班级规模是影响教学效果的重要因素之一。相较于人数众多的大班教学，小班教学有更突出的优势，由于学生人数较少，教师有更多的机会与每位学生互动交流，可以更加精准地掌握学生的学习进度和需要，从而进行及时的辅导和答疑。在这种教学环境中，学生学习的主动性将得到极大激发，师生之间的互动和沟通也会更加顺畅自然，有利于真正实现因材施教。

3. 教学组织形式多元化

科学技术的发展使教学组织形式越来越现代化。如今，教育界开始关注并探索课外及校外的教育组织形式，以此拓展正规教学的边界，提高整体教学质量。人们可以在我国社会上看到各种各样的课外、校外活动，其内容丰富多样，参与者涉及各年龄层、各种爱好的学生。

4. 体育教学组织形式从“教”向“学”的方向发展

新的体育教学组织理念主张在教学思想、教学设计、教学方法以及教学管理等方面均以学生为中心。这种教学组织形式有利于激发学生的学习兴趣，培养学生的主动发现精神和探索精神。

二、高校体育教学中人文素质教育渗透策略

（一）健美操教学对大学生人文素质的培养

1. 高校健美操教学中蕴含的人文素质

（1）意志品质

相较于其他体育运动，健美操有较强的艺术性，它要求学生具有一定的身体柔韧性和协调性，是体育锻炼和艺术表现相结合的优秀运动项目。如果学生初次接触健美操运动，而且之前没有学习舞蹈和体操的经验，那么其在学习过程中就会遇到意想不到的困难，如因为没有较好的协调性而无法将动作做到位、易疲劳等。但是如果学生可以坚持不懈，勤学苦练，主动克服困难，以顽强的意志力来学习动作，则会取得很大的进步。对健美操成套动作的学练必须从基本动作开始，经过各种基本动作的反复练习，打好基础，才能慢慢向组合动作和成套动作的学练过渡。学习到一定阶段后，学生还要进行团队训练，在不断变化的队形中进行操化训练，这对学生而言是锻炼自身力量、柔韧性、协调性及灵敏性的好机会，同时有助于培养学生的顽强意志品质。总之，健美操理论教学有助于学生形成正确的价值观，实践课教学则有助于提高学生的身体素质和心理素质。正确的价值观与顽强的意志品质是现代大学生的必备素质。

（2）合作精神

作为全局观念和团队意识的集中体现，合作精神也是高校健美操教学中蕴含的人文素质。合作精神在于团队中的队员都互相尊重、认可和帮助。合作精神的核心在于协同合作；合作精神的最高境界即全体队员共同努力实现同一个目标。统一个体利益和整体利益，使整个团队向共同的目标奋进是合作精神所反映的重点内容。在健美操教学中，团队成员要将个人利益与集体利益统一起来，发挥自己的个性，展现自己的特长。在整个团队的练习与考核中，正因为有合作精神的强大力量，成员才能高质量地完成队形的变化和各个动作。只有团队所有成员齐心协力，才能形成团队精神，而这又是高质量完成表演或比赛的前提。需要注意的是，团队成员服从集体不应以过分牺牲自己的利益为代价，要争取做到两者利益的统一。教师要鼓励每个成员发挥创造性，挖掘每个成员的潜能，促进每个成员自我价值的实现。

（3）审美情趣

健美操运动作为健、力、美充分结合的运动项目，具有审美价值。大学生参与健身操运动，实现了对美的追求，同时也能够欣赏美和创造美，并在这个过程中塑造自己的人格，形成富有个性的人文素质。健美操日益普及与其审美价值有很大的关系。全人类都在追求健康、力量和美丽，健美操能很好地满足人们的这种需求。健美操运动具有独特的艺术魅力，其音乐动感十足，旋律优美，具有较强的艺术性。教师通过对健美操的形体美、动作美、套路美进行展示和讲解，有利于使学生在欣赏过程中树立正确的价值观，形成正确的审美观念，提高其鉴赏美的能力，并促进其自觉追求真善美。另外，学生也可以在参加健美操运动的过程中自由地表达自己的各种体验、想法和感情，从而在不断的亲身实践中对健美操的“美”进行更为深入的感知。

（4）创新精神

现代科技的发展使社会生产和生活发生了深刻的变革，人的创造力在当代社会竞争中非常重要。创新能力的内涵极为广泛，其中想象力和创新思维能力对创新能力的形成极为重要。在素质教育背景下，学校不能一味向学生传播知识与技能，更要重视对学生科学思维和能力的培养。健美操运动由一系列动作组合而成，节奏感强，动作优美。健美操教学能够为学生提供广阔的创新空间，使学生的主观能动性、创造性得到充分发挥。教师可以让学生编排健美操动作并自己完成表演。在健美操单个动作、固定套路的教学中，教师可以指导学生分组创编组合动作，组内成员相互交流、配合，这有助于对学生的创新思维能力和合作能力进行培养。学生小组讨论定型后，各组分别展示自己创编的健美操动作，然后各组互评，评价内容包括动作创编的新颖性、动作的协调流畅性、动作搭配的合理性等。在高校健美操教学中，教师可以积极进行教学创新，例如重新设计套路动作、单个动作、组合动作等。另外，学生也可以在个人造型、队形、动作方向和路线、动作节奏和频率上加以创新，表现出自己的独创性。事实上，学生参与健美操运动学习与练习的过程本身就是发挥自己创新思维与创新能力的过程。学生只有发挥主观能动性和创新性，才能对风格独特的健美操套路动作进行创编。而鼓励学生自主创编动作能够将学生学习健美操的兴趣激发出来，同时促进其创新思维能力的提升。学生充分发挥想象力，创造性地组合健美操动作，可以丰富健美操内容，使健美操运动更富有魅力，从而吸引更多的人参与其中。

2. 高校健美操教学中培养大学生人文素质的途径

（1）充分认识和肯定健美操运动的人文素质教育价值

培养大学生的人文素养需要一个长期的过程，而且离不开相关政策、丰厚资金、硬件设施和充足课时等方面的大力支持。健美操运动具有健身性、娱乐性、大众性等特点，对培养大学生的身心健康素质与人文素质具有重要作用，这都是健美操运动本身具有的优势。随着教育的深入改革，素质教育被全面推广，科教兴国战略受到极大的重视。在这一背景下，我们要积极争取教育部门和学校管理部门对健美操运动的关注，使有关部门能够从人才强国战略出发对健美操的价值有深入的认识，积极发挥健美操运动在培养大学生人文素质方面的作用，从政策、资金和硬件设备等方面着手大力支持健美操运动的推广，适当增加健美操课时。同时，高校应及时更新体育教学理念，从“唯生物体育观”向“多维体育观”转变，使健美操运动在校园文化建设、人才教育成长等方面的价值与作用得到最大限度的发挥。高校还要不断完善健美操教育理论体系，同时发挥理论对实践的指导作用，在实践教学上加大力度，使健美操教育理论体系的内涵和功能不断拓展，促进具有特色的健美操教育体系的形成。

（2）构建融入人文素质教育的健美操课程体系

高校构建健美操课程体系，应将健美操运动的健身性、文化性、审美性等特征结合起来，并尽可能将这些特征彰显出来，同时坚持以“全面发展”为指导思想，对大学生积极向上的价值观和世界观进行培养。构建融入人文素质教育的健美操课程体系，要先进行深度的课程改革，即推进健美操普修课和选修课的设立，并根据时代需要在体育课堂中积极引入多种多样的健美操运动项目。这样不仅能够打造出富有时代特色且实用的课程体系，还能够与人文素质教育紧密结合，为学生提供更全面的学习体验。在教学内容的规划中，高校应重视健美操教学的系统性、时代性、结构性、理论性、科学性。课程不仅仅是知识的传递载体，更是师生互动与激发学生自主创新能力的平台。学校需要建立新型健美操课程教学内容体系，加强对学生的学习兴趣、个性发展、身心健康以及审美能力与创新能力的培养等。健美操理论的主要作用是指导健美操实践，因此，学习健美操理论知识非常重要。学生对健美操特点、规则、编排、赏析、保健等基本理论的掌握与理解，有助于其在健美操实践学习中快速掌握技术技能。理论课教学能够为大学生体质的增强、技能的提高奠定基础。教师对健美操课程理论内容的设置需参考健美操教学目标，具体包括总体培养目标、教学层次目标及单元教学目标。从这些目标出发设置理论教学内容，有助于促进大学生全面了解并掌握健美操的基础知识及要点，为后续的实践操作打下坚实的基础。教师在传授健美操基础知识和培养学生基本能力的同时，还需要组织大学生对具有概括性、变换性、典型性的健美操技术动作进行学习，使其充分掌握健美操基本技能，并对大学生创编舞蹈动作的意识与能力进行培养，促进大学生技能运用能力与创造能力的提升。此外，健美操教学内容的适当扩充非常必要，教师可将街舞、爵士舞等时尚流行、风格独特且具有人文教育意义的项目融入健美操课程体系，丰富健美操课程内容。

（3）拓展参与健美操的途径，提高大学生人文素质水平

大学生参与健美操运动的途径对高校健美操教学的发展也有直接的影响。高校应不断拓展大学生参与健美操运动的途径，多提供一些平台与机会，使大学生在长期与健美操运动的接触中对这项运动产生兴趣，激发大学生的主动参与意识，同时利用多渠道培养大学生的人文素质。具体而言，高校可以从以下几个方面来拓展大学生参与健美操运动的途径：

①加强高校健美操俱乐部建设

高校成立健美操俱乐部，开展形式多样、内容丰富的健美操活动，能够为大学生参与健美操运动提供多元化的渠道，从而促进大学生人文素质教育内容和形式的不断丰富，培养大学生对健美操的兴趣，使大学生通过亲身参与俱乐部活动而获得深刻的体验与美好的享受，进而将参与健美操锻炼作为自己的一个习惯保持下去，使健美操真正融入大学生的日常生活，随时随地发挥人文素质教育的功能。

②丰富健美操课外活动

课外活动是健美操课堂教学的有效补充与延续，能够使学生的实践活动时间变得更加充足，学生可以从自己的现实情况来选择适合自己的课外活动。在课外健美操活动的组织管理中，高校需要建立领操员制度，从而使有健美操运动天赋和专项特长的学生的潜能得到充分发挥。高校还要不断改善各方面的环境与条件来促进健美操课外活动质量的提升，如对健美操房的硬件设施加以完善、重视对健美操管理人员的培养等。

③举行健美操比赛

高校举行健美操比赛可以对大学生的竞争意识、团队协作意识进行培养，强

化其责任感，还能促进其组织能力的提升，从而使课堂教学的不足得到有效的弥补。

（4）选择符合人文素质教育要求的教学方式

如今，社会每天都有新变化，每天都会涌现出大量的新知识、新技术，高校可以将这些资源利用起来，对各种教学手段进行合理选择、优化组合及有效实施，以促使教学效率不断提高。高校健美操教学也应注重对多元教学方式的选用。高校健美操教学要求学生做动作时整齐划一，即达到步调一致、节拍一致的效果，这有利于教师维持良好的课堂秩序。但健美操教学不单要教学生掌握健美操技术动作，还要培养大学生的健康体质、正确体态，塑造优美形体以及陶冶情操。大学生逐步掌握健美操基本知识和技能后，要注意教学组织形式应随着教学阶段的变化而变化，最后过渡到自主学习模式。这有利于对大学生的创造思维能力、自主学习能力进行培养。

在健美操教学中，教师可以让学生分组创编组合动作，并提出具体的编排原则与要求，如由躯干到四肢、由原地到移动、由移动到跑跳、由上至下、由慢到快、由简到繁等。组内学生相互讨论与交流，可以培养学生的合作能力，激发学生的学习兴趣，发挥学生的想象力和创造力，充分展现当代大学生的自主学习精神与创新精神。此外，在健美操教学考核中，为了达到人文素质教育的目的，高校要适当调整考核内容，加强对考核方式的改革，将能力考核所占的比重适当增加，争取通过健美操考核促进大学生身心素质、认识能力和实践能力的全面发展。

（二）体操教学对大学生人文素质的培养

体操在学校体育教学中有着悠久的历史，很早就已成为学校体育课程之一，在学校体育教育中占据着重要的地位。在体操教学中加强大学生的人文素质培养非常重要。

1. 体操教学中大学生人文素质培养的内容

（1）体操运动对大学生思想品德的激励

在大学生的人文素质教育中，思想品德教育与学生的人文素养紧密相连，起着基础和保障性的作用。在当今社会，竞技体育承担着重要的外交意义，它体现着一个国家的精神面貌和综合国力。体操运动员的赛场拼搏不仅仅是个人能力的彰显，更是为身后国家的荣誉而奋斗。在平时的学校体育教学中，教师要多宣传我国体操健儿的辉煌事迹，这对大学生能形成极大的精神激励，促进大学生思想品德的完善。

（2）体操运动知识对大学生文化素质的培养

当今社会需要大学生具备更完整的知识结构，人们要想具备较强的社会竞争力，就必须不断提升自身的综合素质。可以说，只有具备较强的综合素质，大学生才能更顺利地找到工作，并不断晋升。为了在竞争激烈的社会环境中脱颖而出，大学生必须不断对自己的知识结构进行优化和完善。例如，在体操学习过程中，大学生除了要关注与体操运动有关的理论知识，还要积极学习其他相关学科的知识，以此建立更为完善的知识结构。体操作为一种艺术形式，注重身体的表达和美感的呈现，通过动作和音乐等元素的结合，能够激发大学生对美的感知能力和欣赏能力。这有助于培养大学生的审美情趣，提升他们对美的理解和欣赏水平。此外，体操教学对大学生的身心健康发展非常有益。体操运动需要高度的协调性、柔韧性和力量，通过学习体操技巧和动作，大学生可以有效地锻炼身体，塑造健康的形体和良好的姿态。同时，体操运动也有助于缓解压力，提高学生的自信心和集中力，增强抗挫折的能力，培养积极向上的精神状态。

体操教学还可以培养大学生的团队合作意识和沟通能力、自律性和毅力。在体操训练中，学生需要与队友密切配合，协同完成各种动作和技巧的组合，这对培养大学生的团队合作精神和沟通能力非常重要。通过与他人互动合作的过程，学生能够学会倾听、尊重和理解他人，从而更好地适应集体生活和社交环境。体操运动需要长时间的坚持和反复的训练，大学生需要具备强烈的自我驱动力和毅力去面对困难和挑战。通过体操的训练，大学生可以培养自己的自律性，提高自己的目标实现能力，为未来的学习和工作打下坚实的基础。大学生只有得到全面发展，才能提升自己的竞争力，在将来走向社会后才能有较强的适应能力。

（3）体操运动对大学生心理素质的培养

人的成长路上少不了困难和挫折，要想成功就必须具备坚强的毅力和持之以恒的精神。在体操运动中，有高杠 720° 大回环、跳马等高难度动作，这些动作对人的技术要求较高，在练习的过程中容易造成运动损伤，这会极大地影响学生的学习态度和自信心，这就要教育学生不能因为伤痛而放弃对成功的追求，否则就难以获得成功。体操运动要求学生在场上展示自己的技巧和动作，这对于学生来说是一种挑战。通过不断的练习和训练，他们能够逐渐掌握技巧，提高运动水平，从而增强自信心。在比赛或表演中得到观众的认可和鼓励，能够给予大学生积极的心理反馈，使他们更加勇敢地面对困难和挑战。体操动作的完成需要反复的练习和精确的控制，这就要求学生具备良好的耐心和毅力。通过持之以恒的训练，大学生能够培养坚韧的品质，学会在困难面前不轻易放弃。他们能够体验到努力付出带来的成就感。

此外，体操教学还有助于培养大学生的情绪管理能力和压力释放能力。大学生面临着学业压力、人际关系等多方面的困扰，而体操运动可以成为他们宣泄情绪、释放压力的一种方式。通过运动，大学生能够调节身心状态，缓解紧张和焦虑情绪，提升自身的情绪管理能力和抗挫折能力。同时，体操运动能够促进大脑释放更多的内啡肽等快乐激素，使大学生更加快乐、积极地面对生活中的各种挑战。在体操训练中，学生需要高度集中注意力来掌握和完成各种动作和技巧。这种训练能够帮助大学生提高记忆力和专注力，提升学习和工作效率。同时，体操运动能够培养学生的空间感知能力和身体协调性，使他们在其他学科的学习中和生活中也能表现出更好的综合素质。学生还应具有正确的竞争观念，用积极乐观的心态去对待体操活动或比赛。

（4）体操运动对大学生社会适应力的培养

人是一种社会性动物，要想在社会上更好地生存与发展，就必须具备一定的社会适应能力。体操运动能够培养大学生的团队合作意识。在体操训练和比赛中，学生需要与队友密切协作，相互配合完成各种动作和技巧，共同取得优异的成绩。通过团队合作，大学生能够学会倾听他人意见、尊重他人、有效沟通和积极合作，从而培养出良好的团队合作意识和能力。这对于他们日后步入社会、融入团队工作具有重要意义。体操训练要求学生严格控制动作和技巧的准确性，需要他们在规定的时间内完成任务，并同时保持专注和身体的协调性。通过这样的训练，大学生能够提高自我管理的能力，学会自我调节和安排时间，提高效率和自律性。这将有助于他们在工作和生活中更好地完成任务、管理时间和提高工作效率。

此外，体操运动还能培养大学生的逆境应对能力。在体操训练过程中，学生会遇到各种困难和挑战，如技术难度、身体耐力等。他们需要学会在挫折和困难面前保持积极乐观的心态，坚持不懈，不轻易放弃。这样的经历能够锻炼大学生的意志力和毅力，培养他们在困境中寻求解决方案的能力，从而更好地适应社会中的各种压力。

体操运动还可以培养大学生的领导才能和沟通能力。在体操队中，学生可能有机会担任队长，需要引导和激励队友，协调团队合作。通过这样的经历，大学生能够锻炼自己的领导才能，提高领导力和组织能力。同时，体操训练和比赛也能促使学生与教练、队友之间进行密切沟通，学会有效表达自己的意见和观点，增强沟通能力和人际交往能力。故而，在体操教学中加强学生社会适应能力的培养非常重要，这能为大学生毕业走向社会提供强有力的帮助。

（5）体操运动对大学生审美能力的提高

体操运动要求大学生在各种难度的动作中保持良好的身体姿态，如优雅的动作线条、饱满的肌肉张力等。通过不断训练，大学生能够培养出对自身姿态的敏感性，进而更好地控制自己的身体，并在平时的生活中注重自己的仪态和形象。这对大学生培养良好的审美观念和形象意识具有重要作用。

在体操训练和比赛中，大学生需要准确地掌握和感知自身在空间中的位置和方向，并能够通过动作的平衡和协调来展示优美的空间构图。这要求大学生具备对空间的敏感度和艺术感知力，从而提高他们对空间美学的理解和欣赏能力。空间感知的培养不仅在体操运动中有所体现，同时可以拓展到日常生活中，使大学生在观察环境、设计空间等方面更具审美眼光。

此外，体操运动还能够通过音乐的运用培养大学生的音乐感知和动作与音乐的协调能力。体操项目通常会配合音乐进行训练和表演，大学生需要在规定的时间内完成各种动作，并与音乐的节奏和旋律相协调，形成艺术上的统一感。通过与音乐的结合，大学生可以培养出对音乐的感知能力和理解能力，学习欣赏音乐中的节奏、旋律和情感表达，同时提高自己的动作协调能力和表现能力。这样的培养有助于大学生在日后对音乐和艺术的欣赏与理解上更具敏感性，拓宽审美领域。

体操运动的场地布置和服装设计等也有助于培养大学生的审美能力。在体操比赛中，场地的布置和装饰往往会注重美感，通过色彩搭配、灯光设置等方式营造出良好的视觉效果。而运动员的服装设计也注重美学，追求舒适性的同时也要考虑其视觉表现力。参与体操运动的大学生可以通过这些方面的观察和体验，提高对空间布置、色彩搭配和服饰设计的审美意识和能力。

2. 体操教学中大学生人文素质培养的对策

（1）更新高校体操课程教育理念

教师应更新物本观的高校体操课程教育理念，将身心健康作为高校体操课程的核心，通过各种体操项目的训练，培养学生良好的运动习惯，帮助他们保持健康的身心状态，提高抵抗力和应对压力的能力。在体操训练中，教师注重团队合作和互助精神的培养，通过合作训练和团体演示等形式，鼓励学生互相支持和帮助，培养他们的团队意识、协作能力和领导才能。教师应将创意表达融入体操课程，鼓励学生通过动作设计、音乐选择等方式展现个人创造力和艺术才能，这有助于培养学生的审美观念、艺术欣赏能力和创新思维。此外，教师应在体操教育中融入本土文化元素，使学生了解和尊重自己的文化传统，通过学习传统舞蹈、节日庆典等项目，培养学生对文化多样性的认知和包容性；鼓励学生将体操技能应用于社会服务和公益活动中，开展面向社区的体操表演、义务教学等活动，培养学生的社会责任感和公民意识。

教师不应仅依靠竞赛成绩来评价学生的体操水平，还应注重综合评价，包括个人表现、团队合作、个人成长等方面的评估。教师应注重专业发展，不断更新教育理念和教学方法，提高教学质量和水平。

为了保证落实与贯彻体操课程教育理念，学校教育部门及领导应加强体操课程人文素质教育。首先，学校应加强对体操课程的重视程度，加大对体操课程的经费投入，保证体操课程的课时和教学条件，促进体操课程的正常开展；其次，教师应加强体操课程人文价值的研究学习，正确认识体操课程的人文价值，确保体操课程的开展与体操教育理念相契合。

（2）创立良好的培养环境

高校应该建设符合安全标准的体操场馆，并提供各种类型的器械，如平衡木、单杠、跳马等，以满足学生的训练需求。同时，高校可以聘请经验丰富和资质认证的体操教练和指导员，他们能够为学生提供专业的技术指导和个别训练计划，确保学生的安全和进步。高校应该关注学生的身心健康，建立健康管理和咨询机制，为学生提供必要的保健指导和心理支持。这对于学生在体操实践中保持良好状态和平衡发展非常重要。

高校在制订体操训练计划时，可以结合学生的学业和课程，保证学生有足够的时间进行训练，并避免过度训练对学生身体和心理造成负面影响。

高校可以组织体操比赛、表演和交流活动，鼓励学生积极参与，并与同学、教练和专家进行交流和分享。这有助于提升学生的动力和激情，激发他们的创造力和竞争意识。高校可以设立体操奖学金、表彰优秀学生的制度，以及提供经费和资源支持优秀学生参加国内外比赛和培训。这样可以激励学生更加努力地投入体操实践，并取得更好的成绩。

（3）提高体操教师人文素养和业务能力

在体操教学中，教师是教学组织的核心，提高体操教师的人文素养和业务能力，促进体操教师对体育教育专业体操课程人文价值的认识，能有效地促进体育教育人文价值在体育教育专业体操课程中的实现。总的来说，提高体操教师人文素养和业务能力可从以下方面进行：

首先，教师应该通过广泛阅读、参与社会实践等方式，拓宽自己的视野，提升自己的人文素养。他们应关注文化艺术领域的最新动态，了解国内外的文化传统、历史背景和艺术发展趋势。此外，教师需要积极参与志愿服务活动，与不同背景的人们交流互动，增强人际交往能力和包容心态。

其次，教师应该建立专业发展计划，提升业务能力，持续学习和研究体操教学的最新理论和方法，密切关注国内外业界的发展动向。他们可以参加专业培训班、学术研讨会以及教学经验交流活动，与同行分享心得体会，不断提高自己的教学水平。教师还可以参与科研项目，进行教学实践与创新，积累丰富的教学经验。教师可以加强团队合作和交流，积极参与学校内外的团队合作项目，与其他教师和专家进行深入交流。通过分享教学资源、互相借鉴经验，教师可以不断提升自己的教学能力和专业素养。他们还可以积极参与高校体操教师的交流平台，与同行建立联系，共同推动体操教育事业的发展。

最后，高校体操教师应该充分尊重学生的个体差异，关注每个学生的成长需求和兴趣特长。他们需要灵活运用不同的教学方法，为学生提供个性化的指导和帮助。此外，教师还应该培养学生的批判思维能力、团队合作能力和创新精神，帮助他们全面发展。

（4）不断拓展体操课程内容

高校应引入更多种类的体操项目，如艺术体操、踏板体操、健美操等。多样化的训练项目可以满足不同学生的兴趣和需求，为学生提供更广泛的选择。

除了技术训练，高校还应注重培养学生的综合素质，如增加体操与舞蹈、音乐、表演等跨学科的结合，培养学生的艺术修养和创新能力。

教师应采用多样化的教学方法，如小组合作、自主学习、问题解决等，引导学生积极参与课堂互动，提升他们的学习动力和创造力。

教师应加强对学生的身体健康指导与管理，包括科学训练计划的制订、合理的营养指导、伤病预防与康复等，保障学生的身体健康发展，提升他们在体操训练中的表现。

教师应积极组织体操比赛、展示和交流活动。通过参与比赛，学生可以展示自己的技术水平和成果，增强团队意识和竞争意识。同时，举办交流活动可以使高校与其他高校或地方体操团队进行合作，促进资源共享和经验交流。

高校应关注新兴的体操项目和趋势，发展新兴项目，如空中瑜伽、极限运动等。引入这些新兴项目，既可以满足学生对新鲜事物的需求，也可以推动体操课程的创新发展。

（5）加强体操教学内容与方法的改革

体操课程注重对基本动作和技巧的训练，高校可以考虑引入更多元化的内容，如舞蹈、表演、器械等。这样可以增加学生对体操的兴趣，并培养他们全面发展的能力。现代科技的快速发展为体操教学带来了更多可能性，教师可以利用虚拟现实、增强现实等技术手段，将体操动作展示得更加形象生动，使学生更容易理解和模仿。同时，教师还可以利用互联网平台提供在线学习资源，让学生在课堂之外也能持续学习和提高。

体操教学应当注重学生的个体差异和发展需求。教师可以通过分组训练、个别辅导等方式，针对不同水平和兴趣的学生制订个性化的训练计划，并关注每位学生的进步和成长。体操教学不仅仅是培养学生的动作技能，还应注重培养学生的综合素质和意识。可以通过团队合作、表演比赛等形式，培养学生的沟通协作能力、创造力和自信心。

高校应该加强对体操教师的培训和专业发展支持，提高他们的教学水平和专业素养。同时，高校可以鼓励教师参与教学改革研究，引进新的教学理念和方法，不断推动体操教学的创新和进步。

（三）篮球教学对大学生人文素质的培养

1. 篮球教学中人文素质的体现

（1）篮球教学体现以人为本、讲求人性及人格的特点

在篮球教学中，不仅存在着技能的锻炼，还有关于学生人格的修炼。在篮球运动中，充满着竞争和对抗，这可以说是现代篮球运动最为明显的特点。在学校篮球教学中，这些东西也是不可回避的。在篮球场上，顽强坚韧、思维理智是值得肯定的品质，而作风不硬、自信不足、惧怕对手应予以否定，这就有利于学生自立、自强、自信的新型人格的形成。同时在篮球教学中，教师还要尊重学生的意见，鼓励他们在学好基本技术的基础上形成自己的技术风格。通过篮球教学，

学生能很好地塑造自己的个性，提高自己的运动技能，同时培养良好的文化素养。

（2）加强大学生对文化和跨文化的感知意识

篮球不仅是一种运动，还是一种文化。在篮球教学中，学生能形成正确的世界观、人生观和价值观，有效提高自身的人文素养。

（3）增强学生的集体主义精神

篮球运动充满了竞争，也充满了合作，要想获得理想的比赛成绩，没有团队合作意识是难以做到的。因此，在篮球教学中，增强学生的配合意识是十分重要的。例如，在篮球实践教学中，球队成员之间需要密切合作才能取得胜利，学生需要相互协作、相互支持，共同完成进攻和防守任务。通过团队合作，学生能够培养团队意识，学会倾听他人意见、协商解决问题，并明白只有团结一致，才能取得最终成功。在篮球比赛中，每个队员都有自己的角色和职责。无论是进攻还是防守，每个人都必须承担起自己的责任，并为整个团队贡献力量。学生通过篮球运动能够明确自己的职责，培养承担责任的精神，认识到自己的行动会影响整个团队的表现和结果。

篮球比赛中，队员之间需要相互信任和尊重。彼此之间的默契和配合是取得成功的关键。学生通过篮球运动，能够学会尊重他人的能力和贡献，同时更加信任队友，建立起良好的团队关系。这种相互信任和尊重的精神不仅在篮球场上有用，在日常生活中也能够培养学生与他人和谐相处的能力。每个队员都追求共同的胜利目标，学生通过篮球运动能够明确团队的共同目标，并学会为之努力奋斗。他们会体会到只有团结合作，才能够实现个人与团队的成功。这种意识培养了学生积极向上、有志气的品质，让他们不怕困难，敢于面对挑战。同时，篮球比赛还是在同一规则约束下的竞技，超越了这个规则，就要受到惩罚，因此教师需要根据规则来约束学生的行为，养成遵守规则的意识和习惯。这对于学生将来毕业走向社会具有重要的意义。

（4）完善学生的知、情、意的发展，培养学生的人文精神

篮球的科学研究呈现出与多学科相交叉的发展趋势，其研究领域不断扩展，具有完善的理论体系。

篮球比赛异常激烈，学生在观看篮球比赛的时候会受到熏陶，能获得强烈的情感体验。在篮球教学中，教师应注重提高学生的情感追求，促使他们由过去的追求成绩和结果逐步转向追求“表演艺术”，淡化竞技结果，而更多地注重过程，从而逐步提高学生的审美能力及精神品质。

2. 篮球教学中培养大学生人文素质的对策

（1）与时俱进，不断更新篮球教育理念

篮球运动在发展历程中拥有丰富的文化内涵，同时具备竞技属性和娱乐属性。篮球运动并不是一项单纯的体育运动项目，传授运动技能并不是篮球运动教学的主要内容。在篮球教学过程中，篮球运动属于文化载体，教师的理想寄托在篮球运动中。篮球文化必须大范围传播，如此方可促使人们更加深入地认识篮球运动，进而有效激发人们对篮球运动的喜爱。有关实践活动的开展过程中，人们往往也会传播相应的认知与文化，进而使不同种类的文化信息实现交流、共享以及重组。篮球文化传播是指人们对篮球运动的认知的传播，同时让其他人在该基础上产生自己的认识。在当前信息快速发展的社会，文化传播与文化交流已经打破了时间限制与空间限制。教师在篮球教学过程中应树立文化传播理念，推动学生逐步形成奋发向上、勇于创新的精神。具体来说，就是在篮球教学过程中，教师要坚持篮球文化素质培养与发展的理念。

（2）以学生为本，加强学生的人文素质教育

尊重学生个体作为坚持以学生为本的办学思想的根本，满足不同层次学生发展的需要，确保学校、教师的利益服从于学生利益。高校需通过人文素质教育培养高校高水平篮球队员的优秀思想品德、良好行为习惯、健康人格、坚强意志、科学的学习方法、为人处世的良好动机等。

（3）强化人文氛围，提高学生体育品质

在篮球教学过程中，教师要让学生明确认识到篮球运动是集竞技性、娱乐性、商业性、观赏性于一身的运动。同时，教师还要让学生明确认识到篮球运动是在集体防守和进攻配合中，通过独特手段来达到人际交流的目的，其彰显了团队和群体具备的凝聚力，这属于篮球运动应有的文化内涵。同时，高校应引导学生运用不同手段来深入理解篮球运动以及篮球文化，促使自身对各种篮球运动赛事产生兴趣，在观赏篮球运动赛事的过程中，学会享受高水平篮球运动员的超常表现带来的快乐，由此产生参与篮球运动的动机。以培养大学生人文素质和专业素养为目的的篮球教学需要教师有效启发学生，引导学生逐步由看球过渡到“品”球，原因在于“品”球比看球更加深入，学生在“品”球的过程中能够体会到很多不同的人生价值，从而逐渐过渡到“悟”球。当学生对篮球运动人文性的理解越来越深入时，学生自身的体育品质也会随之提高。

第二节　以科学的教学理念实现育人功能

一、“以人为本”教学理念

（一）“以人为本”教学理念概述

1.“以人为本”的理论基础

“以人为本”教学理念的提出是在现代人本主义教育思想的基础上发展起来的。人本主义教育思想的产生，源于对现代科学发展中人对科学产品的使用，以及在智能化时代发展过程中对人的价值丧失的思考。

进入20世纪，科学主义成为当代教育发展的主流。20世纪50年代，教育改革中各种教学思想、教学观点层出不穷，其中，认知心理学和行为主义者对人性的认识分析带来困惑，教育工具化，接受教育、获取知识的兴趣的快乐体验无法得到重视，教育单纯成为人们获得更高技能与认可的一个途径。正是在科学技术不断发展的影响下，人类社会的生产生活方式和模式发生了很大的变化，科学改变生活，对人们启发很大，人们依赖科技，也会越来越受制于科技，因此在教育层面，人们也越来越强调“人本主义”，旨在将人从“器物”中解放出来。现代人本主义强调，人类应从依赖科技中解放出来，恢复人在世界中的本体地位，而非依附于科技发展。

从社会发展中人的主体地位的体现到教育领域中对作为学习者、施教者的教学活动参与主体的“人”的重视，“以人为本”思想在各个领域都得到重视。教育中“以人为本”的教学理念旨在恢复人的教学主体地位，强调“人”的重要性。在教学中，真正关注教师、学生的健康、可持续发展。

“人本主义”理论具有以下几个基本观点：学习者是学习的主体，应受到尊重；学习是丰富人性的过程，根本目的是人的“自我实现”，这里强调教育应促进教学参与者（尤其是学生）人格的完整，促进人的认知与情感的丰富、提高；人际关系是最有效的学习条件；“意义学习”是最有效的学习。

2.“以人为本”的教学观点

“以人为本”肯定了人在教育中的重要作用，在教育教学实践的广泛应用过程中，体育教育工作者和许多学者逐渐总结出了以下几种观点：

（1）教育的目的是促进师生自我实现

在体育教学中，学生的自我实现是要促进身体、心理、智能、社会性等全方位的自我发展，让每个学生都能通过体育教学有所进步。体育具有多元教育价值，体育教学能促进学生各种素质的综合发展。在“以人为本”的基础性理论支持下，体育教育强调了教师在体育教学中不仅要重视健康知识和运动技能的学习，还要通过科学的体育教学环境创设和教学过程安排来促进学生的心理、情感、智慧、社会性发展，使学生的情感和智力有机结合。体育教育的一个重要教学任务就是在体育教学中促进学生的认知与情感的共同进步与发展，教师通过体育教学，发掘和发挥每个学生的学习潜能，培养学生在各个方面的创造性，最终所培养出来的学生应具有创新、创造意识与能力，这样的人才才是社会真正所需要的。

在体育教学中，教师的自我实现最基本的就是能创造性地完成体育教学任务，在教学中实现作为教师这一角色的价值，通过体育教学培养出适合社会发展的合格人才，促进学生的发展与进步。同时，在体育教学中，教师可以通过对体育教学的科学设计与各种丰富多彩的体育教学活动的开展和教学媒体媒介的应用来提高自己的教学能力、组织能力、社交能力、科研能力、创造力等，促进自我综合教学能力和体育素养的不断提高，实现自我职业生涯的不断发展，并能在日常工作和生活中身体力行地从事体育健身锻炼，不断提高自身的身体健康水平，并能对学生和周围的人形成一种潜移默化的影响。

（2）课程安排应尊重学生的自由发展

在人本教育理念产生之前，教育侧重社会价值和工具价值。我们必须认识到，人是教育的出发点，人本教育将教育的重点落实到人身上，关注人的健康成长。

体育教学对象是人，每个人都与其他人存在个体差异，教育不是为了“批量生产人才”，而是旨在促进每个人在健康全面发展基础上的个性化发展。因此，体育教学应在统一要求的基础上做到因材施教，教师必须尽可能实现多种多样、侧重点不同的教学课程设计，使每个学生都能在体育教学中有所进步与成长。教师可以通过科学体育教学活动的组织与引导培养学生的正确参与和个性化发展。

（3）教学方法选用应重视学生情感体验

人本主义教学理论强调“以人为本”，主张教学以学生为中心，实现个性化发展，而学生的这种发展都是从学习经验中体悟和实现的。因此，体育教学应重视科学化体育教学方法的选择，激发学生的体育学习兴趣，为学生创造良好的学习体验。

在“弘扬人的个性，强调以人为中心，尊重人的情感体验”的现代体育教学中，体育教师应全面了解学生、充分尊重学生、真正理解和信任学生。在此基础上，构建起和谐的师生关系。良好师生关系的建立对于体育教学活动的顺利开展具有非常重要的意义。此外，师生的和谐关系建立也有助于教学活动中师生能够更好地配合，从而提高体育教学的质量。

（二）“以人为本”教学理念的高校体育教学指导

1. 确认体育教育价值

在全球化的发展背景下，各种思想文化处在不断发展和融合之中，教育思想也呈现出这一发展趋势，人本理论和“以人为本”教育理念的提出体现了当代社会对人的发展的重视。在体育教育教学领域，当前的学校体育更加强调人性的回归，学校体育的根本出发点和落脚点都应是“育人”。

现代高校体育教学中，“以人为本”教学理念是符合当前时代发展要求的。当今社会，人的发展在社会的各个领域受到了重视。即使在智能时代，很多机器生产代替了人工生产，但是发明机器、操控机器的还是人。人在人类社会的发展中是起到关键作用的，任何时候都不能忽视人的作用。

人本主义教学理念与思想指导下的体育教学，要求教育者在体育教学活动开展过程中关注作为教学对象的学生。教师的教学活动开展需要学生的参与、配合，如果没有学生的参与，教学活动就没有开展的意义了。

现阶段，我国的体育教学思想呈现出多元化的发展趋势，诸多教学思想都围绕“人”的教育展开论述，讨论了体育教学中如何更好地促进和实现“人”的发展。

2. 体育教学目标的重构

随着体育教学的不断发展，新的教学理论和理念带给体育教育工作者更多的启发与指导，体育教学的育人作用得到丰富和发展，多元化的学校体育价值体系对体育教学目标重构提出了要求。

“以人为本”的教学理念在学校不同学科的教学中广泛应用并渗透，也有越来越多的学者认识到，应该重视学生的全面、健康、可持续发展。在体育教学中，教师必须认识到，人是运动的参与者、是运动的主体，体育运动的教学和训练也必须以促进人的全面发展为根本目标。

3. 学生教学主体观的建立

现阶段，“以人为本”的教学理念成为我国体育教学的重要理念。在我国体育教学实践活动开展过程中，越来越多的教师开始关注学生，从学生的特点、条件、基础和学习需要出发来选择教学内容、方法、组织形式与模式。高校体育更多是以选修课形式设置的，教师也正是通过个人的教学能力、对学生“因材施教”的方法、关心关爱学生和了解学生来获得学生喜欢，以此促使更多的学生选修自己的体育课程。

总之，学生是教学的主体，没有学生，教学也就不复存在。

4. 体育课程内容的优选

“以人为本”的教学理念重视学生的全面、健康、个性化发展，对体育教学内容的选择提出了更为科学的要求。

在“以人为本”教学理念的指导下，我国体育教学有了很大的进步与发展。为了进一步促进我国体育教学的改革，教育部门先后修订了各级学校体育教学大纲，丰富体育教学内容，旨在通过多样化的教学内容促进学生全面发展。在高校体育教学中，教学活动开展是基于落实“健康第一”的教学理念，通过丰富的体育教学内容来吸引学生参与体育锻炼，促进学生身心健康发展。

此外，在丰富高校体育教学内容的同时，“以人为本”的教学理念还强调体育教学内容与不同大学生的发展需求相适应。在体育教学内容优选中，高校应注意以下几点要求：

第一，高校应突出体育教学内容的趣味性，激发学生学习的兴趣。

第二，高校应强调体育教学内容的健身性，对过度强调竞技技术提高的体育教学内容予以摒弃或改编，使之能更好地为促进高校大学生的身体健康服务。

第三，高校应重视体育教学内容的适用性。体育教学内容应有利于学生的身体健康发展，并能为他们终身体育意识和体育能力的培养奠定基础。

第四，高校应关注体育教学内容的创新性。高校体育教学内容要适应现代化社会的发展潮流，具有启发性、创新性，促进高校大学生的创新意识和能力培养。

二、“健康第一”教学理念

（一）“健康第一”教学理念概述

1. “健康第一”的理论依据

从世界范围来看，“健康第一”教学理念的提出是符合世界教育发展趋势和社会对人才的发展要求的。

（1）世界范围内对人类健康发展的重视

在人类社会的发展历程中，健康始终是一个备受关注的课题。人类健康是推动人类社会发展的一个必要条件。

随着国际上关于大众健康的话题交流日益增多，各国和各地区都非常重视大众健康发展，整个社会已对体育的功能、价值等形成了全新的认识。

（2）社会发展对个人健康的客观要求

随着科学技术的不断进步、经济发展水平提升、社会生活节奏日益加快，人们从事的体力劳动越来越少，长时间伏案工作所造成的“运动不足”严重影响人们的身体健康。

在当前和未来社会的发展过程中，健康将始终是影响个人和社会发展的首要问题。社会的快速发展与激烈竞争要求现代人不仅要具备扎实的科学知识，还要有强健的体魄，“身体是革命的本钱”，身体健康是个体生活、学习、工作的基础。如果没有一个健康的身体，就很难在社会劳动力竞争中占据优势。

教育的最终目的是促进个人的健康发展、培养德才兼备、全面发展的合格人才，而对学生群体的身体健康教育是体育健康教育的重中之重。

2.“健康第一”的教育特点

“健康第一”教学理念内涵丰富，其在体育教学实践中表现出以下特点：

（1）强调身体健康是基础

“健康第一”中所提到的“健康”是全面的健康，是包括身体健康、心理健康、社会健康、生殖健康等在内的多元健康，而基础是身体健康。健康的体魄是人类发展的基本标志，教育应首先关注健康教育。

（2）强调多元健康发展的素质教育

“健康第一”作为现阶段一个重要且先进的教学理念，强调体育教育应重视学生的健康发展，指出学校教育教学的首要目标是促进学生的健康成长，学生的身心健康比“卷面分数”更为重要。

（3）强调健康教育的全面性

①学生身体健康教育

在“健康第一”的思想指导下，高校体育教学应时刻关注学生各方面健康的综合发展，通过体育教学，促进学生的身体健康发展，也促进学生的心理健康和社会性发展，使学生进入社会之后能有良好的状态应对生活、工作、再教育中的各种挑战。

②学生心理健康教育

现代社会竞争日益激烈，要求社会中的每一个成员都应具备良好的心理素质，如此才能正确地应对学习、生活、升学、就业、恋爱、婚姻等过程中的各种问题。当前，许多大学生都深受学业、就业、生活中的各种问题的困扰。因此，高校教育关注学生心理健康非常必要。体育具有促进大学生健康心理形成和发展的重要作用。现代大学生压力大，也容易受不良因素影响，高校应通过开展体育教学活动，促进大学生心理健康发展。

③学生社会性发展教育

体育是一种独特的教育形式，体育教育可促进学生的社会性良好发展，应该在教学中有意识地培养学生建立良好的人际关系。

在高校体育教学过程中，教师应深入挖掘体育的教育价值，在体育教学实践中充分贯彻“健康第一”的教学理念，切实促进学生身心健康发展。

（二）“健康第一”教学理念的高校体育教学指导

1. 树立体育教育新观念

“健康第一”教学理念对我国体育教育最重要的影响就是教育重点和方向的转变。贯彻“健康第一”教学理念，就必须改变竞技化体育教育，关注学生身心健康发展。高校应该把教育的重心从单纯地追求学生的外在技能水平向追求学生的全面协调发展转移。

不断深化高校体育教育教学改革，必须落实健康教育，每一所高校、每一个高校体育教育工作者，都应该形成正确的体育价值观、培养良好的意志品质。现代科学化的体育教育应该将体育教育工作理念从单纯的以“增强体质”为主转移到“健康第一”的新型教育观、发展观。

现阶段，社会发展对人的要求是全面化的，一名合格的人才应该是健康发展的人才。

2. 明确体育健康教学目标

在当前的体育教育教学实践中，“育人”是学校体育教学工作的根本目标，技术教育和体制教育并不能完全作为学校体育实践的重心，“健康第一”的教学理念对我国高校体育教学目标提出了新的要求，具体如下：

第一，高校体育教育应重视加强学生的体育文化知识教育，提高学生的体育文化素养。

第二，高校体育教育应充分融合健康、卫生、保健、美育等多种教育内容，通过内容全面的体育教育来培养学生健康的体育意识和娱乐休闲习惯，远离可能影响个人身体健康的一切不利因素。

第三，高校体育教育工作的开展，应紧密结合学生生长发育的特点与生活实际，开展健康教育，使学生学会自我保护，预防疾病发生。

第四，高校体育教育应重视大学生青春期教育和心理健康教育，并将其作为健康教育的重要内容，为学生在特殊时期的健康成长提供科学指导。

3. 完善体育教学课程体系

深化高校体育教学课程体系改革是促进高校体育教学发展的一个重要且有效的途径。高校要贯彻落实“健康第一”的体育教学理念，就必须在体育教学课程体系建设方面做好工作，不断丰富体育教学课程体系内容，以更好地满足当前高校大学生多元化、个性化的体育健康发展需求。

在“健康第一”教学理念的影响下，我国的高校体育教学课程发生了很大的改变，如体育课程内容的增加、教学方法的不断丰富、课内与课外活动的有机结合，体育选修课也越来越考虑大学生的爱好与需要，体育课程与内容设置针对不同专业的学生实行差异化。

现阶段，要继续贯穿“健康第一”的教学理念，构建更加完善的体育教学课程体系，应持续做好以下工作：

第一，在高校体育教学中，教师应始终坚持以学生为主体，将学生的身心健康发展放在首位，所有教学活动的开展都应围绕促进学生的健康发展服务。

第二，教师应调整体育教学内容，充分了解学生的特点和需求，对体育教学大纲所规定的教学内容进行科学选择，对与本校实际教学情况和本校学生不适合的教学内容进行调整，使体育教学内容能更好地从理论落实到教学活动实践中。

第三，教师应丰富体育教学内容。丰富的体育教学内容能够吸引高校大学生，满足大学生的不同体育学习需求。

第四，教师应重视教学内容的因地制宜，根据本地区的气候、资源以及学校自身教学特点来进行特色化的体育教学课程设置，并研究推出更能反映本校学生健康发展的相关监测内容与标准。

第五，教师应重视高校大学生课内体育教育与课外体育活动的有机结合，加强体育课的教育意义，并提高学生对体育课的兴趣，使学生养成科学合理的作息习惯、健身习惯，在课余时间也能科学健身，保持健康的生活方式。

4. 重视体育教学方法优化

体育教学的开展受到体育教学方法的影响。在高校体育教学中，有很多体育教学方法可以供教师进行选择，不同的体育教学方法有不同的特点，同一种体育教学内容可通过多种教学方法来展现给学生。体育教师应该判断出哪一种教学方法是最合适的，这样可以促进教学方法应用的最优化，进而促进体育教学效果的最优化。重视体育教学方法优化，要求体育教师具有良好的体育教学能力，包括科学选择各种教学方法、有效应用各种教学方法的能力。

5. 完善教学评价体系

在“健康第一”教学理念的影响下，体育教学的评价应以学生的体质增强、身心健康发展为重要评价指标，完善体育教学评价体系。

“健康第一”教学理念指导下的高校体育教学评价体系的科学化构建与完善，具体要求如下：

第一，在对学生的全面评价中，教师应重视对多方面的教学效果进行量化分析，并且将定性评价和定量评价相结合，提高教学评价的科学性，促进学生更好地认识自身的不足，获得学习的动力。

第二，在对学生的全面评价中，教师要做到评价内容的全面、评价指标的全面、评价方法的全面，还要尽量做到邀请不同的评价主体进行评价。

第三，体育教学不仅要注重对学生进行全面的评价，还应注重对教师教学方面的评价。

三、“终身体育”教学理念

（一）“终身体育”教学理念概述

1.“终身体育”的基本内涵

“终身体育”教学理念的形成是人类自身和社会发展的必然。终身体育包括两个方面的内容：第一，终身体育贯穿人的一生，从出生开始一直延续到生命结束，人的一生都应养成参加体育锻炼的习惯，体育是日常生活的重要组成部分；第二，终身体育是科学的体育教育，在人的一生中的不同阶段，都要有正确的价值观念来指导和引导个体参加体育活动，并通过体育活动的参加实现身体的健康发展，终身受益。

具体可以从以下几个方面来理解终身体育：时间方面，贯穿人的一生；内容方面，项目丰富多样，选择性强；人员方面，面向社会全体公民；教育方面，旨在提高全民体质健康水平。

学校“终身体育”教学理念的确立和形成能有效促进我国体育教学的发展，是所有运动项目的体育教学都应该树立的一个正确教学思想和观念。

要切实推动“终身体育”教学理念在高校的贯彻落实，教师在推动“终身体育”教学理念的落实方面具有非常重要的作用。调查发现，在参与体育运动方面，有很多学生受到教师的影响，特别是教师业务水平的影响，教师应在教学中和课堂外提倡学生积极参与体育锻炼。

在体育课堂教学中，教师应关注学生“终身体育”意识和能力培养，不能只关注或过于关注技术、技能教学。

在体育课堂外，教师可以组织学生开展各种体育活动、体育游戏，对于高校大学生体育俱乐部活动的开展，教师应鼓励，并给出指导性意见和建议。

2.“终身体育”的特征

（1）体育锻炼时间的终身性

“终身体育”是一种先进的教学理念，最为重要的一点就是它可以令个体一生受益。

从教育功能作用于个体的影响来看，“终身体育”将体育教育时间大幅延长，囊括了人的一生。

“终身体育”教学理念强调体育教学应符合学生生长发育、心理健康发育的客观规律，以及健身的长久性，注重培养学生对体育的爱好、兴趣，养成锻炼的习惯和能力，强调终身参与、终身受益。

（2）体育锻炼群体的全民性

“终身体育”的对象指接受终身体育的所有人，每一个社会成员都应该积极参与。“终身体育”是面向全体社会成员的，从学生在学校体育教学中逐渐培养起体育锻炼意识，到走出校门、走进社会之后都能持续参与体育锻炼，为以后的整个人生参与体育锻炼奠定良好的基础。因此，“终身体育”教育的主体并不局限于在校学生，而是面向所有民众，应做到全民积极、主动参与。

从一种体育发展理念演变为一种体育教学理念，“终身体育”教学理念的教育对象是面向整个人类社会成员的，“终身体育”教育不应局限于学生，而是包括社会大众。体育教育是一个需要长期坚持的系统工程。健康是人们生存生活的重要基础，体育健身与生活是密不可分的。因此，无论个体的年龄、社会身份发生怎样的变化，都应该成为“终身体育”的教育对象。

（3）体育锻炼目的的实效性

“终身体育”以适应个人发展和社会发展作为根本出发点。因此，终身体育参与必须做到因地制宜、因人而异，不同的人应结合自己的实际情况选择具体的锻炼内容、方式、方法等，同时将其融入日常的生活、学习、工作中。

在现代社会生活中，人们为了提高自己的生活质量，根据自身条件合理选择适合自己的体育方式，具有较强的针对性和实效性。

在高校体育教育教学中，体育教学的内容选择、方法运用都应为提高学生的体育知识、体育技能服务，不断增强学生的“终身体育”意识和“终身体育”能力，以便学生在进入社会后，也能持续参与体育健身锻炼。

3.“终身体育”与体育教育

（1）“终身体育”与学校体育的相同点

①共同的体育目标——育人

体育具有多元教育价值，无论是终身体育参与还是体育教育参与，其最终目标都是实现运动参与者的体育、智育、德育、美育等多元教育价值，更好地促进运动参与者的全面发展。

学校体育教学就是要培养学生的终身体育意识与能力，为其健康的一生奠定坚实基础，以更好地实现个人价值和社会价值。

②共同的体育手段——健身

终身体育和体育教育都是通过体育运动健身来实现体育的教育价值的，个体的最终行为也都落实在体育健身活动上。终身体育强调个体应养成终身参与体育锻炼的习惯，在人生的每一个阶段都积极参与体育健身锻炼。体育教育以学生的身体练习为主要教学手段，通过身体活动促进身心、社会性全面发展。

③共同的体育任务——掌握体育知识，提高运动能力

个体终身参与体育锻炼，离不开科学的体育知识做指导。体育知识与体育技能的掌握，也是高校体育教育的重要任务。只有掌握这两方面的内容，才能更加科学地从事体育健身实践活动，才能通过身体力行的体育活动参与实现运动者的身心健康全面发展。

（2）“终身体育”与学校体育的区别

①体育参与时限不同

终身体育贯穿人的一生，学校体育只负责学生在校期间的体育教育。

②体育教育对象不同

终身体育以全社会所有成员为教育对象，学校体育以在校学生为教育对象。

（二）“终身体育”教学理念的高校体育教学指导

1. 转变体育教学理念

“终身体育”教学理念指导下的高校体育教学，应该在体育教学内容、方法、评价等各方面做到以培养和增强学生的终身体育意识和能力为标准，通过与学生的日常生活、学习、工作关系更密切、关联程度更大的体育项目教学，培养学生的运动习惯，而不是仅仅关注学生的运动技能掌握情况。

高校体育教育教学过程中，教师应将体育教学达标标准的制定从单纯或过度关注技能指标的思想观念中解放出来，关注学生的体育价值观、体育态度、体育意识、体育行为习惯，如此才能真正有针对性地开展体育教学，真正实现终身体育教育。

“终身体育”教学理念是高校体育教学改革的指导思想，也是高校体育教学发展的落脚点。

2. 重视学生“终身体育”意识的培养

个体的体育活动参与行为的实现，必须建立在正确认识“终身体育”教学理念的基础上。“终身体育”意识是高校大学生主动进行体育学习、体育参与的重要内部驱动力。

当今社会，生活节奏快、生活压力大，每一个人都面临着各种各样的生理和心理负担，要获得高质量的生活，就必须确保身心健康发展。体育运动能有效促进运动者的身心保持良好的状态，“终身体育”对于学生的身心素质发展具有重要的促进作用。学生走进社会之后，在社会上面临的压力很大，而体育锻炼是一种身心压力释放、身心健康状态重塑的过程，对运动者保持良好身心状态迎接生活、学习、工作挑战是非常重要的，可以有效提高个人生活质量，提高学习、工作效率。

终身体育活动参与对于个人的社会性发展具有重要的促进作用。大学生坚持体育锻炼，能有效增强身心适应能力，可以在毕业步入社会后更好地适应社会，提高自己抗击压力的能力。

现代高校体育教学实践中，要培养学生的“终身体育”意识，要求教师应做好以下教育引导工作：

第一，教师要引导学生树立正确的体育价值观。

第二，教师要端正体育学习态度。

第三，教师要将素质、技能、知识、能力等教育内容渗透到终身体育教育中。

第四，教师要通过体育教学，丰富学生的体育知识、体育技能，提高终身体育参与能力，为终身体育锻炼奠定基础。

3. 丰富终身体育教学内容的设置

学生的个体差异性决定了学生的体育兴趣爱好不同、所适合从事的体育运动项目不同、所渴望学习的体育运动知识与技能不同，因此在高校体育教学中，教师不能只追求学生某一特定的运动技能和运动的熟练程度，而要重视不同学生的不同体育发展需求，尽可能地丰富体育教学内容，使体育教学内容项目、层次多样化。

“终身体育”教学理念指导下的体育教学内容丰富化教学工作要求如下：

第一，延伸与拓展学校体育课堂教育，使学校体育向终身体育延伸。

第二，不同教学内容的课程目标设置应在充分了解与分析学生现状的基础上进行，以终身体育教学目标为导向组织体育教学。

第三，选用体育课程内容时，教师应重视对休闲体育项目、时尚体育项目的引进，开展能够激发学生体育兴趣和潜能的体育活动。

4. 关注学生需求与社会需求的统一

“终身体育”旨在为学生提供一种健康的生活态度与生活方式。对于任何人来说，身体健康都是个体适应现代社会生活、工作、发展的必要条件。

高校体育教育的“终身体育”教学理念的贯彻，就是在培养符合社会发展需求的合格人才的基础上，促进学生的个性化发展，实现学生的社会价值与个人价值。高校终身体育教育对学生需求与社会需求的统一性的实现，要求做好以下工作：

第一，高校终身体育教育应重视国家需要、社会需要与学生个体需要的有机结合。

第二，高校终身体育教育应明确学生需要与社会需要的地位。这是正确处理学校体育发展与社会需要适配性的关键问题。

第三，高校终身体育教育应重视体育教育的健身价值与人文价值的实现，重视体育知识、体育技能、体育习惯的共同培养。

第四，高校终身体育教育应围绕学生开展体育教学，充分满足学生的学习和发展需求。

第五，高校终身体育教育应全面提高大学生的体育素养，以符合社会发展对人才的体质、体能、知识、精神、道德要求。

终身体育教育有四个支柱，即“学会认知、学会做事、学会生活、学会生存”，但应充分考虑“终身体育”与“以人为本”“健康第一”的有机结合。

第三节　改革体育教学方法以实现育人功能

一、体育教学方法概述

（一）体育教学方法的概念界定

我国现阶段体育理论领域对体育教学方法概念在内涵和外延上，存在多角度的审视和理解。不同的学者由于审视的角度不同，具有不同的认识。关于体育教学方法的定义有如下几种：毛振明在其主编的《体育教学论》中认为：“体育教学方法是在体育教学过程中，教师与学生为实现体育教学目标和完成体育教学任务而有计划地采用的、可以产生教与学相互作用的、具有技术性的教学活动。体育教学方法主要包括教学策略、教学技术和教学手段三个主要的层次。”[①] 金钦昌在其编著的《学校体育理论》中认为：“体育教学方法是指在体育教学过程中完成教学任务所采用的工作方法，它包括教师教的方法和学生学的方法。”[②] 夏思永主编的《体育教学论》认为：“教学方法应该是教师进行施教并引导学生学习的工作方式和手段。”[③]

这种对体育教学方法定义的多样性，说明了体育教学方法的不稳定性和不明确性。

体育教学方法是根据教学的基本规律，以教育学、心理学、运动人体科学的基本原理为理论基础，在体育课程教学活动过程中，教师和学生为实现共同的体育教学目标，使学生学习、掌握与应用体育课程的基本理论知识、运动的基本方法和运动技术，形成良好的体育健身习惯，达到增强学生体质目的所运用的教学模式、教学方法（狭义的）和教学手段的总称。

① 毛振明．体育教学论：第三版 [M]. 北京：高等教育出版社，2017.

② 金钦昌．学校体育理论 [M]. 北京：高等教育出版社，1987.

③ 夏思永．体育教学论 [M]. 重庆：西南师范大学出版社，2003.

体育教学方法的范畴主要包括在体育课程教学过程中所运用的教学模式、技术、手段，以及指导学生学习体育理论知识、运动技术，培养其运动技能的方法。长期的体育教学实践和研究形成了一个内容丰富、种类繁多的体育教学方法系统。目前，体育教学方法存在着不同的分类，主要有：依据师生双边活动，可把体育教学方法分为教授法和学习法；依据学生获得知识的主要途径和来源，可把体育教学方法分为语言法、直观法、练习法；依据教学目标，可把体育教学方法分为传授与掌握体育知识、技术和技能的方法，发展学生体能的方法，加强学生思想品德教育的方法；依据体育教学方法的外部形态（信息传递途径），可把体育教学方法分为以语言传递信息为主的方法、以直接感知为主的方法、以身体练习为主的方法、以比赛活动为主的方法、以探究性活动为主的方法等。

（二）体育教学方法的特性

体育教学方法遵循教学过程规律和原则，同时与体育教学活动紧密联系。它与其他学科的教学方法既有共同点，又有自身的特点。体育教学方法具有以下几个特性：

1. 强调实践操作性

体育教学方法与体育教学实践紧密相连，是在体育教学过程中，师生为了完成体育教学任务，实现体育教学内容的有效传递，进行学习及运用的途径和手段。

体育教学与身体练习、心理活动分不开，教师运用教学方法作用于教学内容，引导学生学习体育知识、技术。体育教学方法的作用方式、具体步骤、适用对象的具体要求等都应是可以操作的。体育教学方法的操作性特点有利于教学方法作用的有效发挥，也有利于优秀教学方法的推广。

2. 突出双边整体性

体育教学方法是多种多样的，每种方法都有其独特性和适用范围，适用于所有教学条件的万能方法是不存在的。体育教学的任务是多方面的，教学过程是由许多教学环节组成的，既不能用一种体育教学方法完成多方面的教学任务，也不能在教学过程中自始至终完全不改变所用的体育教学方法。此外，不同的体育教学方法也针对不同的情况，有不同的开展条件和落实要求，不同的教学方法不能单独而论，而是要在整个完善的教学体系中才能发挥作用。因此，体育教师在运用体育教学方法时，应看到各种方法的相互作用，根据教学的需要，相互配合地运用各种方法，使每种方法的运用都成为整个教学过程的有机的一环，充分发挥其整体效应，顺利达成体育教学目标。例如，如果为了让学生了解人体运动时所参与的肌肉群，可以运用挂图等直观法，也可以运用多媒体技术把人体运动时所参与的肌肉群演示出来；如果想加大体育课的练习密度，可以运用循环练习法等。

3. 普遍的继承发展性

体育教学方法和其他学科的教学方法一样，具有历史继承发展性。体育教学方法不是永远固定不变的，而是随着社会的变化和体育教学的发展而不断变化与发展的。人们在数百年来的体育教学实践中，为了提高教学效率、巩固教学成果，推出了一套又一套或延续前人、或自成体系的教学方法，并围绕其实效持续地观察探讨，积累了大量充实的实践经验。其中不乏具有客观性和独到见解的方法，时至今日仍有深刻的借鉴意义，值得我们探讨和借鉴。教学方法的形式和内容不论在什么时期，都会受到社会背景、时代要求、教学对象、内部教学目标、教学任务等因素的影响。

4. 注重感觉器官的协调性

在动态的体育教学中，为了完成传授知识和教习技能的双重任务，我们所选择的教学方法与发展抽象思维活动的教学方法存在显著差异。这些方法的最大特点在于：善于利用视觉、听觉器官接收信息，充分发挥本体感觉的作用，来综合感知动作的幅度、方向和用力的大小。

在动态的体育教学中，为了提高学习效果并促进身心健康发展，体育教学方法应遵循人体生理与心理的变化规律，合理安排练习的负荷、时间、次数和间隙。在练习过程中，教师要让学生启动观察、思维、记忆等心理活动，帮助他们理解动作技术要领和掌握运动技能，并采取改变练习的次数、难度和组合方式，或通过创造良好的练习条件和优化环境等措施，达到减轻、消除疲劳和积极性休息的目的。但值得注意的是，究竟应采取何种调节方式，还应根据不同教学内容的性质、目的、学生练习的兴趣与实际生理反应而定。

5. 强调针对性与亲和性

体育教学方法的运用是针对不同的教学任务、对象、过程而进行选择的。甚至新的教学方法的产生，往往也是为了解决体育教学实践中存在的问题。因此，不同的教学方法有自己独特的功能和适用范围，实现着不同的教学目的。比如，教师针对体育理论知识的教学多采用讲授法，对动作的讲解则采用分解法，对于发展学生的体能和技能亦有体能类和技能类教学方法，还有娱乐类教学方法等。针对不同的对象和教学过程，教师要灵活选择不同的教学方法。

体育教学方法的亲和性表现在师生之间和学生之间。一方面，在体育教学实践中，教师的教学行为必须与学生的学习行为紧密结合，即教师的教法往往需要与学生的学法密切结合起来，有时还要进行针对性的调整，才能收到满意的教学效果；另一方面，学生在练习过程中，常常需要相互帮助、相互交流，共同促进动作技术的掌握。对于一些具有一定危险性的体育动作技术的学习，教师和同伴的保护与帮助是学生安全、有效练习的重要基础。体育教学方法的亲和性也是现代教育理念发展人文性的重要体现。

（三）体育教学方法的结构

根据对现阶段我国学校领域的体育教学方法分析，我们认为体育教学方法主要由教学技术和教学手段两个基本层次构成。

1. 体育教学技术

体育教学技术也称教学方式，是教师在体育教学中运用科学、合适的方法进行教学的行为方式，是教学方法的“中位”层次。体育教学技术是体育教学方法中的核心部分，通常定义为教学模式下属的具体组成部分，它是教师进行教学时的行为模式。

2. 体育教学手段

体育教学手段是教师在进行体育课教学时，为完成教学任务、实现教学目标所运用的具体教学方式和程序。体育教学手段是为实现体育教学信息有效传递的活动方式与具体措施，包括体育教学的内容、行为方式及应用体育教学媒介技术等具体的教学活动。体育教学手段是体育教学方法的“下位”层次。体育教学手段主要应用在课堂的各个教学步骤中更为具体的教学环节上，通常定义为教学方式下属的具体组成部分，它是教师运用手段进行教学的具体行为方式。如教师或优秀学生进行动作技术示范就是利用直观式方法来实现学习、掌握某个动作技术或方法目标的教学手段。体育教学课实施过程中，不同的教学手段具有不同的价值和功能。多种各具特色价值与功能的体育教学手段所具有的某种共同行为的特定程序与要求形成了体育教学模式；不同体育教学模式所具有的特定程序与要求形成了不同的体育教学方式与手段。

二、高校体育教学中审美教育的渗透策略

（一）注重体育形式美与教学语言美相结合

高校体育教学应该注重形式美的塑造。形式美是指动作的流畅、协调和优美。

在教学过程中，教师应该注重培养学生的动作技巧和身体协调能力，使学生的动作更加流畅和优雅。例如，在篮球教学中，教师可以引导学生正确掌握投篮的动作要领，使学生的投篮动作更加规范，同时要注意动作的连贯性，使整个动作过程看起来更加流畅。通过培养学生的形式美，教师不仅可以提高学生的运动技能水平，还可以培养他们对美的感知和欣赏能力。

高校体育教学应该注重教学语言美的运用。教学语言美是指教师在课堂上运用语言的艺术，使教学内容更加生动、形象，激发学生的学习兴趣。教师可以通过讲解运动技能的原理和要点，使用富有感染力和表现力的语言，让学生能够形象地理解和掌握知识。同时，教师可以引用一些诗词、比喻等进行教学，增加教学的艺术性和趣味性。例如，在讲解游泳技巧时，教师可以通过形象的比喻来说明不同的动作要领，如把身体的姿势比喻为海豚在水中优美的姿态，使学生更容易理解和模仿。

形式美和教学语言美是相辅相成的，二者的结合可以更好地促进学生的学习。在教学过程中，教师可以通过生动的语言来引导学生注意动作的形式美，并且通过对形式美的强调来提高学生的动作技能水平。同时，教师可以通过对动作技巧的讲解和示范来加强学生对教学语言美的理解和感知。通过形式美和教学语言美的有机结合，可以使体育教学更富有艺术性和感染力，提高学生的学习效果和兴趣。高校体育教学需要创造有利于形式美与教学语言美结合的教学环境。教师可以通过多样化的教学手段和教学资源，激发学生的学习兴趣和创造力。例如，教师可以组织学生进行小组合作学习，引导他们一起探讨和解决问题，激发他们的学习兴趣和创造力。同时，教师可以借助现代技术手段，如视频展示、互动演示等，增强教学的形式美和教学语言美，提高学生的学习效果。

（二）注重体育教学实践与美学研究相结合

教学设计是将教学实践与美学结合的基础。教师应该在课程设置和课程内容上注重美学元素的融入。例如，在教授篮球运动技能时，教师可以设计一些富有艺术性和趣味性的活动，以丰富学生的感知和体验。同时，在课程内容的选择上，教师也可以引入一些文化知识和历史故事，通过讲解篮球的起源、发展和背后的文化内涵，培养学生的文化修养和审美意识。

教师可以利用教具和媒体资源，创造丰富多样的教学形式，如可以通过音乐的配合，使学生在学习中理解音乐的节奏感和情感表达；可以引导学生进行团队合作，设计富有创意和艺术性的运动项目，以培养学生的创造力和协作精神。教师应该创造积极向上、富有艺术氛围的教学环境。首先，教学场所的布置应该体现美的要素，如使用美观的器材、装饰符合美学规律的教室和运动场地；其次，教师可以引入艺术元素，如展示优秀运动员的风采和精彩瞬间，让学生感受到运动之美。同时，教师可以鼓励学生参与各类艺术活动，如举办体育舞蹈比赛、篮球诗歌朗诵等，激发学生对艺术的兴趣和热爱。

除了以上内容，高校体育教学如何将教学实践与美学结合还可以从以下三个方面进行深入思考和探索：

第一，引导学生通过体育运动感受美。除了注重运动技能的培养，教师还应该引导学生关注运动的审美价值。例如，在教授体操时，教师可以让学生观赏优秀体操运动员的表演，让他们感受到身体姿势的美和动作流畅的美。通过观摩和模仿，学生能够更好地理解和掌握动作要领，并培养对美的感知能力。

第二，注重体育艺术的培养。体育艺术是体育与艺术的结合，体现了人体姿态、动作造型和情感表达的美。高校体育教学可以在课程设置上增设体育艺术选修课，如舞蹈、形体训练等，培养学生的身体协调性和艺术表达能力。同时，教师可以鼓励学生参与各类艺术比赛和演出，给他们提供展示才艺的机会，让学生将体育实践与美学表达相结合。

第三，培养学生的审美意识和表达能力。高校体育教学不仅要注重学生的运动技能培养，还应该注重培养他们的审美意识和表达能力。教师可以通过丰富多样的教学方法和评价方式，激发学生对美的感知和理解能力。例如，在课程中设置观摩交流环节，学生可以互相观摩和点评，分享对美的感受和认识。同时，教师可以采用写作、演讲等方式，让学生进行艺术表达，以提升他们的语言表达能力。

（三）充分发挥教材的审美教学作用

高校体育教材可以通过选取具有艺术性和美感的体育项目和动作，引导学生从审美的角度去感知和理解体育运动。以舞蹈为例，舞蹈作为一种富有创造性和表现力的艺术形式，其动作与形体的美感在体育教学中是不可忽视的。教材可以选择一些经典舞蹈项目，如芭蕾舞、现代舞等，教师通过详细的示范和解析，让学生感受舞蹈中蕴含的独特韵味，培养学生对舞蹈的审美敏感性。高校体育教材还可以通过引入艺术美学理论的知识，让学生了解体育运动中的审美原则和规律。艺术美学理论包括色彩、构图、韵律等方面的知识，这些理论对于理解和欣赏体育运动中的美是非常重要的。教材可以向学生介绍运动服装设计中颜色搭配原则的应用，或者分析不同的身体动作在空间感和形态美上的特点，让学生能够从理论层面去理解体育运动中的审美意义。

此外，高校体育教材还可以通过历史文化的传承和体育艺术的创新，体现体育运动的审美作用。教材可以选取一些有代表性的传统体育项目，如中国武术，让学生了解其中的文化内涵和审美价值。同时，教材应当关注当代体育运动中的艺术创新，例如极限运动、街舞等，这些新颖的体育形式在审美意义上具有一定的突破和创新，可以给学生带来新的视觉和审美体验。高校体育教材应当注重培养学生的审美能力和创造性思维。教材可以设计一些体育美术创作的任务，让学生通过自己的创作表达对体育运动中美的理解和感悟。例如，教材可以要求学生用绘画、摄影等形式，表现出某个运动项目中的美感元素，或者设计一套新颖的运动服装等。这样的任务可以激发学生的创造力和想象力，培养他们从艺术视角去思考和体验体育运动中的美。

参考文献

[1] 张亚平，杨龙，杜利军 . 高校体育教学理念及模式创新研究 [M]. 北京：中国商业出版社，2022.
[2] 受中秋，王双，黄荣宝 . 高校体育教育发展与改革探究 [M]. 长春：吉林大学出版社，2018.
[3] 田小静 . 德育教育与体育教学应用研究 [M]. 长春：吉林大学出版社，2020.
[4] 李彦松 . 多维度视域下的高校体育教学工作研究 [M]. 长春：吉林科学技术出版社，2022.
[5] 于海，张宁宁，骆奥 . 高校体育教学与训练实践研究 [M]. 长春：吉林人民出版社，2021.
[6] 刘景堂 . 高校体育教学改革研究 [M]. 北京：中国纺织出版社，2019.
[7] 夏越 . 现代高校体育教学研究 [M]. 北京：北京理工大学出版社，2019.
[8] 李响 . 高校体育教学训练水平提升策略与实证 [M]. 北京：北京燕山出版社，2022.
[9] 李慧 . 高校体育教学改革与科学化训练研究 [M]. 沈阳：辽宁大学出版社，2021.
[10] 陈轩昂 . 新时期高校体育教学的改革与发展 [M]. 北京：航空工业出版社，2019.
[11] 王国全，董甜甜 . 高校体育课程与思政教育协同育人的价值意蕴与实践逻辑 [J]. 体育科技文献通报，2023，31（4）：146–149，209.
[12] 梁瑶福 . 体育迁移价值对高校育人工作的影响研究 [J]. 公关世界，2023（6）：150–152.
[13] 刘慧，董立兵 . 优秀传统体育文化在高校公共体育教学中的德育探析 [J]. 武术研究，2023，8（3）：107–110.

[14] 闫文，曹晓静，叶鹏 . 课程思政视域下高校体育课程育人质量提升体系的构建 [J]. 湖北开放职业学院学报，2023，36（1）：90–92.
[15] 李艳，赵富学 . 高校体育课程思政建设的育人诉求与践行向度研究 [J]. 体育教育学刊，2022，38（6）：8–15，2.
[16] 袁兰军，丁锋 . 高校体育教学中的德育渗透研究 [J]. 青少年体育，2022（11）：35–36，34.
[17] 赵乐 . 高校公共体育课程思政育人特色与实践路径探索 [J]. 青少年体育，2022（9）：35–36.
[18] 戚海亮，韦豪，郑迎凤 . 美育视域下高校体育课程实施策略研究 [J]. 运动精品，2022，41（8）：10–12.
[19] 段婧婧，聂鸣琨 . 高校体育课程思政功能探赜 [J]. 河南财政税务高等专科学校学报，2022，36（4）：90–92.
[20] 田宝坤 . 高校体育文化育人现状及应对策略探析 [J]. 科技风，2022（22）：38–40.
[21] 刘帅心 . 高校体育类慕课建设的现状及发展对策研究 [D]. 开封：河南大学，2022.
[22] 王振隆 . 河南省高校体育课程思政开展现状及实施路径研究 [D]. 开封：河南大学，2022.
[23] 曹媛媛 . 南京市高校公共体育课教学范式的优化研究 [D]. 南京：南京体育学院，2022.
[24] 相堂壮 . 目标教学法在普通高校游泳教学中的应用研究 [D]. 南京：南京体育学院，2022.
[25] 冯洪恩 . 项群理论视角下普通高校体育课程思政育人模式研究 [D]. 大庆：东北石油大学，2022.
[26] 林霞 . 师范院校公共体育课程思政开展状况调查与分析 [D]. 成都：四川师范大学，2022.
[27] 许志奔 . 南京市普通高校体育教学中健康教育的实施研究 [D]. 南京：南京体育学院，2022.
[28] 靳燕 . 高校体育专业技术课教学中实施德育渗透的评价体系研究 [D]. 临汾：山西师范大学，2022.

[29] 马丽 . 高校公共体育教学中的德育渗透研究 [D]. 北京：北京体育大学，2017.
[30] 郭宏宇 . 高校体育教学中的隐性德育课程研究 [D]. 长春：东北师范大学，2010.